Margarete Luise Goecke-Seischab

MITEINANDER KREATIV SEIN

Bildnerisches Gestalten
in kirchlichen Kinder-, Jugend-
und Erwachsenengruppen

Kaufmann · Christophorus

CIP-Titelaufnahme der Deutschen Bibliothek

Goecke-Seischab, Margarete Luise:
Miteinander kreativ sein: bildner. Gestalten in kirchl. Kinder-,
Jugend- u. Erwachsenengruppen/Margarete Luise Goecke-Seischab. –
1. Aufl. – Lahr: Kaufmann; Freiburg (Breisgau): Christophorus-Verl., 1988
ISBN 3-7806-2177-0 (Kaufmann) kart.
ISBN 3-419-50826-3 (Christophorus-Verl.) kart.

1. Auflage 1988

Umschlagbild: JAC
Zeichnungen: Margarete Luise Goecke-Seischab
Hergestellt bei Präzis-Druck, Karlsruhe
ISBN 3-7806-2177-0 (Kaufmann)
ISBN 3-419-50826-3 (Christophorus)

Inhaltsverzeichnis

Vorwort

Wir alle kennen die Klage, wie sehr in unserer verkopften, durchorganisierten Welt die kreativen Fähigkeiten der Menschen verkümmern. Mit Unbehagen sehen wir, daß schon unsere Kinder viel zu selten Gelegenheit haben, die tiefe Freude und emotionale Befriedigung zu erleben, die mit eigenschöpferischem Tun verbunden sind. Erst recht sind wir Erwachsenen diesen Formen menschlicher Selbstverwirklichung entfremdet.
Das vorliegende Buch will nicht bei Klage und Unbehagen stehenbleiben. Es will – als Ergebnis langjähriger eigener Erfahrungen der Autorin bei der Ausbildung von Religionspädagogen und in kirchlicher Gemeindearbeit – aufzeigen, wie viele, leider oft ungenutzte Gelegenheiten zu kreativem Tun es gibt. Es ist das Anliegen des Buches, den Blick zu schärfen für solche Gelegenheiten und Mut zu machen, sie zu nutzen.
Die kirchliche Gemeindearbeit erreicht mit Kindergottesdienst, Jugendgruppe, Kommunion- bzw. Konfirmandenunterricht, Erwachsenen- und Altenkreisen Menschen aller Altersstufen. Freizeiten und Wochenendseminare bieten Raum und Zeit für viele Arten kreativer Betätigung:

- ☐ Gruppen finden sich zusammen unter einem Bibeltext oder einem Thema, das sie mit allen Sinnen begreifen wollen – nicht nur durch Reden und Hören, sondern auch durch Fühlen, Formen und Gestalten.
- ☐ Gottesdienste werden gestaltet, Feste vorbereitet, Einladungen und Plakate entworfen.
- ☐ Friedenswochen, Krippenspiele, Theateraufführungen, Kirchentage – zu all diesen Gelegenheiten kann mit viel Phantasie und Kreativität bildnerisch gestaltet werden.

Kirchliche Mitarbeiter beider Konfessionen, die Gruppen leiten, Kindergottesdienst halten, Feste und Freizeiten organisieren, aber auch Religionspädagogen, die ihren Unterrichtsstoff durch bildnerisches Gestalten vertiefen möchten, finden in diesem Buch viele Anregungen. Dabei wird weder bei den Leitern noch bei den Gruppenmitgliedern besondere künstlerische Begabung vorausgesetzt. Dieses Buch möchte Erfahrungen weitergeben, die alle machen, wenn sie sich auf bildnerisches Gestalten einlassen: Jeder kann kreativ sein, und jeder kann zu kreativem Tun anleiten!

Die angeführten Beispiele verstehen sich als „Rahmen"-Vorschläge und sind weder für die im Bild dargestellte Thematik noch für die angegebene Altersstufe bindend. Beim Umsetzen der Vorschläge in die jeweils eigene Gruppen- bzw. Gemeindesituation wird auf die Phantasie und Erfahrung des Gruppenleiters vertraut. Grundsätzlich eignet sich jedes Thema und jede Technik für alle Altersstufen. Lediglich die Ergebnisse werden verschieden sein.
Alle, die nach der Lektüre des Buches und ersten eigenen Versuchen Lust bekommen haben, sich weiter in das Thema einzuarbeiten, finden im Anschluß an den Anhang Literaturempfehlungen zu den einzelnen Techniken. Außerdem enthält das Buch eine alphabetisch geordnete Tabelle, in der Sie erfahren, was Sie im Hinblick auf Umweltschutz und gesundheitliche Verträglichkeit über die Mal- und Bastelmaterialien wissen sollten.

VORBEMERKUNGEN

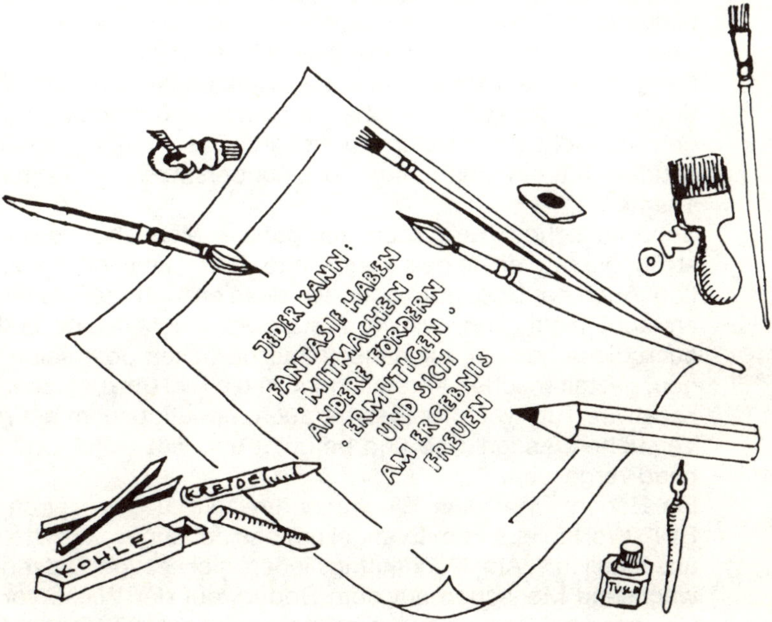

Den ganzen Menschen im Blick haben

Die Kirchengemeinde ist ein Ort, an dem viele Menschen der verschiedensten Altersstufen zusammenkommen, weil sie das Bedürfnis haben, in Gemeinschaft mit anderen über biblische Texte nachzudenken oder sich – redend, hörend, diskutierend – über Lebensfragen oder aktuelle Probleme auseinanderzusetzen.
Aber nicht alles, was den Menschen beschäftigt, worüber er Freude empfindet oder sich ängstigt und erregt, läßt sich verbal bewältigen. Und selten ist die verbale Ausdrucksform die einzig mögliche. Wer den ganzen Menschen im Blick hat, mit allen seinen Sinnen und Gaben, wird immer auch nach anderen Ausdrucksmöglichkeiten suchen.

Neue Dimensionen des Begreifens

Malen, Zeichnen, plastisches Gestalten erschließen ganz neue Dimensionen des Begreifens, die oft über das hinausgehen, was mit Worten möglich ist. Warum sollten also im Laufe eines Bibelabends, einer Gruppenstunde oder Freizeit nicht auch einmal bildnerische Gestaltungsmöglichkeiten erprobt werden?
Anders als in Schule und Arbeitswelt bietet die Kirche einen Freiraum, in dem ein Miteinander ohne Leistungs- und Konkurrenzdruck möglich ist. Diese Chance sollte genützt werden. Dabei geht es nicht um eine unverbindliche Beschäftigungstherapie, sondern um ein ernsthaftes Auseinandersetzen mit Texten und Themen.
Schöpferisches Tun fordert den ganzen Menschen, seine Vorstellungskraft, seine geistigen Kräfte, Phantasie und Konzentration. Auch der Ungeübte oder der, der sich für ungeübt hält, wird

Gefühle bildnerisch ausdrücken

erstaunt feststellen, wieviel Freude es macht, seine Gefühle, auch die negativen, bildnerisch auszudrücken oder seine farbigen, gestalterischen Vorstellungen in ein Bild umzusetzen.
Kreatives Tun weckt Selbstvertrauen, ermutigt zu immer neuen Versuchen, es lenkt ab und beruhigt und läßt Nöte vorübergehend vergessen.
Ein Bericht über eine Wochenendfreizeit zu den sieben „ICH BIN"-Worten aus dem Evangelium des Johannes vermittelt dies anschaulich: „Am Nachmittag ließen sich einige Dutzend erwachsene Menschen auf dem Boden, auf der Wiese vor dem Haus und auf Bänken im Freien nieder, um mit Stift, Pinsel, Farbe Transparentpapier, Schere und Kleber das vorher Bedachte und

Besprochene bildlich zum Ausdruck zu bringen. Viel Licht wurde zu Papier gebracht: die transparenten Seidenpapiere luden zu farbig strahlenden Kompositionen ein, die das Licht der Sonne einfingen und es widerstrahlten. Hinreißend der Eifer, mit dem die Menschen in ihrer schöpferischen Tätigkeit versunken waren! Befriedigend, befreiend, heil-machend das Hineinversetzen in das Thema und das Herausgestalten des Bildes." (Klaus Winkler: Gemeindebrief der Friedenskirche Gräfelfing 1987/II)

Gemeinschaftserlebnis

Eine Gruppe, in der gemalt, gezeichnet, gestaltet wird, kommt zu wichtigen Gemeinschaftserlebnissen. Wenn jeder auf seine individuelle Weise sich um ein Abbild seiner Vorstellung bemüht und erkennt, daß auch die anderen um Form und Ausdruck ringen, werden sich alle gemeinsam über Erfolge freuen. Das gegenseitige Teilhabenlassen an den jeweils eigenen Sichtweisen und Ergebnissen bereichert die ganze Gruppe.

Aus Gesprächen und Diskussionen lassen sich überraschend neue Ansätze gewinnen.

Und schließlich: indem die Bilder in Gruppenräumen, im Gemeindezentrum, in der Kirche aufgehängt werden, wirkt die Gruppe über sich hinaus mitten ins Gemeindeleben.

Kreativ sein: was kostet das?

Grundausstattung

Bildnerisches Gestalten kann nicht ohne Gerät und Material auskommen, und nicht alles läßt sich umsonst beschaffen. Aber es hieße am falschen Platz sparen, wenn in einer Kirchengemeinde dafür keine finanziellen Mittel vorhanden wären. Das investierte Geld kommt auf vielerlei Weise wieder herein. Denn wo Menschen miteinander kreativ sind, entstehen lebendige Gruppen, deren Aktivitäten letztlich wieder der Gesamtgemeinde zugutekommen.

Kaufen

Es empfiehlt sich, eine Grundausstattung für bildnerisches Gestalten anzuschaffen. Gut betreut und pfleglich behandelt braucht sie nur von Zeit zu Zeit ergänzt zu werden. Ideal wäre eine Art Materialkoffer, der auch auf Freizeiten mitgenommen werden kann.

Die Grundausstattung könnte ungefähr so aussehen:

Bleistifte, Tintenroller schwarz	Klebstoff, Klebstreifen
Filzstifte	Reißzwecken, (Steck-) Nadeln
Wachsmalkreiden	Zeichenblöcke
Kohle	weiße und farbige Papiere
Deckfarbenkästen	Packpapiere
Pinsel	Stahl- bzw. Rohrfedern
Scheren	Tuschen
Messer	

Für besondere Gestaltungen sind zu empfehlen:

Transparentpapiere	Plakafarben
Seidenpapiere	Dispersionsfarben
Kreppapiere	Flach- und Borstenpinsel
Kunststoffolien	Nadeln
Metallfolien	Schneidemesser
Linoleum	Kleister
Druckfarben	Ton
Walzen	Gips
Glasplatten	Draht
Farbpulver	

Beschaffen Unerschöpflich groß müßte der Papiervorrat in Gemeinden sein, in denen oft und großzügig bildnerisch gestaltet wird. Gutes Papier ist teuer. Aber es geht auch anders: kreative Gruppenleiter werden es verstehen, sich viele Quellen zu kostenlosem Bezug zu erschließen:

- ☐ Fragen Sie in Druckereien und Papier verarbeitenden Betrieben nach Restbeständen oder Abfällen. Die Papiere dürfen auch etwas vergilbt sein.

- ☐ Wußten Sie, daß allein zur Resopalplattenherstellung viele tausend Nuancen farbiger Papiere verwendet werden? Vielleicht ist eine Resopalfabrik in ihrer Nähe?
- ☐ Benutzen Sie Computerpapiere! Sie sind von hervorragender Qualität und eignen sich sogar für das Malen mit Deckfarben.
- ☐ Plakatdruckereien oder städtische Informationszentralen, Reisebüros usw. geben Restbestände kostenlos ab, denn Plakate verlieren schnell ihre Aktualität. Ihre Rückseiten eignen sich gut für großflächiges Malen.
- ☐ Besorgen Sie sich alte Tapetenbücher und Restrollen!
- ☐ Wellpappen, Kartons und Packpapier können in größeren Mengen von Industriebetrieben bezogen werden.

Wellpappe und Packpapier gehören zu den robustesten Materialien und eignen sich mit ihrer Grau- bzw. Brauntönung, die eine gute Hintergrundfarbe abgeben, für großflächiges Arbeiten.

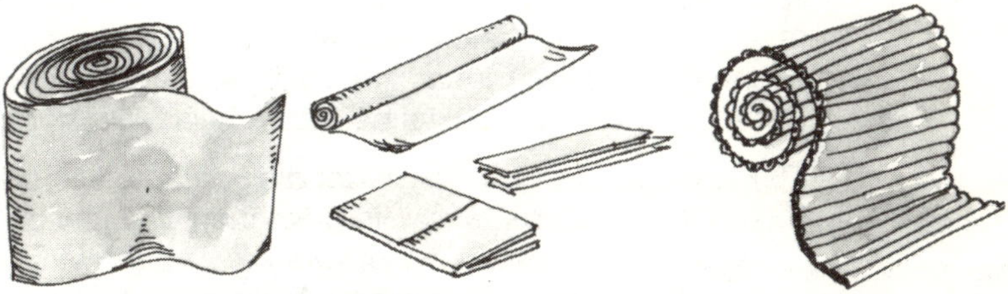

Wellpappe wird in verschieden starken Rollen angeboten. Die Bahnen sind meist 1 m bis 1,20 m breit.
Aus Wellpappe lassen sich mit der geriffelten Vorderseite schöne plastische Gebilde herstellen. Die glatte Rückseite ist ein idealer Malgrund für Deck-, Plaka- und Dispersionsfarben. Außerdem läßt sich die hellgraue Wellpappe gut als Bildträger für Ausstellungen verwenden (vgl. S. 91).

Sammeln

Vergessen Sie nicht, alles zu sammeln, was sich für bildnerische Aktivitäten eignet:

- ☐ schön gemusterte Einwickelpapiere
- ☐ Zeitungen und alte Illustrierte
- ☐ gebrauchte Briefumschläge, deren Innenfutter oft eine vielfältige Musterung aufweist
- ☐ Stoff- und Wollreste, Borten, Spitzen usw.
- ☐ Joghurtbecher als Malbecher
- ☐ Schraubverschlußgläser, Korken, Plastiktüten
- ☐ Stanzabfälle, Blech- und Drahtreste
- ☐ Holzstücke, Folienabschnitte, alte Uhrwerke u.v.a.m.

Kreativität verlangt keine teuren und aufwendigen Materialien. Es genügt, Arbeitsmittel zu verwenden, die uns täglich begegnen. Um so anregender wird es sein, wenn wir ausnahmsweise einmal ein etwas kostbareres Material für eine besondere Gestaltung benutzen.

Ein paar Tips für den Gruppenleiter

Vorbereiten, einstimmen, Material bereitstellen

Der Gruppenleiter, der mit seiner Gruppe malen oder in anderer Weise bildnerisch tätig sein will, muß selbst keine außergewöhnlichen künstlerischen Fähigkeiten besitzen. Er soll ja weder „vor"-malen noch „vor"-zeichnen. Seine Aufgabe ist es, die geplante bildnerische Arbeit inhaltlich vorzubereiten, die Gruppe einzustimmen und das Material bereitzustellen. Dennoch:

Selber ausprobieren

☐ Probieren Sie hin und wieder die geplanten Gestaltungsarbeiten vorher selbst aus. Sie gewinnen dabei wichtige Erkenntnisse über Gestaltungsprobleme, Zeitaufwand und Schwierigkeiten, die im Umgang mit Material und Werkzeug auftreten können.

Ein „Schnibbelbuch" anlegen

☐ Wenn Sie oft biblische Texte bearbeiten, sollten Sie sich einige Sachkenntnisse über die biblische Umwelt verschaffen. Nicht jeder kann aus dem Stegreif die Tiere und Pflanzen, Kleider und Häuser aus den biblischen Geschichten zeichnen. Vor allem bei Erwachsenen muß mit Fragen aus der Gruppe gerechnet werden. Schaffen Sie sich ein „Schnibbelbuch" an, in dem sie alle Arten von Tier-, Pflanzen- und Menschendarstellungen zusammentragen, auch Häuser, alle möglichen Gegenstände, geometrische Figuren und Landschaften. Dann können Sie alle für eine Szenerie benötigten Einzelteile zusammenstellen.

Eine Fundgrube sind zum Beispiel Ausstellungskataloge zur ägyptischen Kunst, Kellers Buch „Die Bibel hat doch recht" und das bei Kaufmann/Kösel erschienene Vorlagenbuch „Sachzeichnungen zur Bibel" (siehe Literaturverzeichnis).

Vgl. Bildteil Nr. 11

Kinder oder Erwachsene?

Es ist ein grundsätzlicher Unterschied, ob man mit Kindern – etwa im Kindergottesdienst oder der Gruppenstunde – zeichnet und malt oder mit Jugendlichen und Erwachsenen: Kinder werden in aller Regel unbefangen und ohne Hemmungen zu Werke gehen. Ältere Jugendliche aber und vor allem Erwachsene erschrecken oft bei dem Gedanken, etwas zeichnen, malen oder gestalten zu sollen und nehmen zunächst eine Abwehrhaltung ein. Viele sind in der Schule entmutigt worden, haben als Kinder schlechte Erfahrungen mit ihren ersten unbeholfenen Versuchen gemacht und halten sich für unbegabt. Hier muß der Gruppenleiter behutsam Vertrauen in die eigenen Fähigkeiten wecken und mit Geduld versuchen, die Hemmschwelle abzubauen.

Mut machen

☐ Machen Sie auch weniger Begabten und Ungeübten immer wieder Mut, damit sie nicht aufgeben. Ihr vielleicht erster zaghafter Versuch ist ebensoviel wert wie das perfekte Bild eines künstlerisch begabten Gruppenmitglieds.

Hilfen geben

☐ Sprechen Sie mit den Zögernden und Unsicheren.
Geben Sie, falls gewünscht, Hilfen und Anregungen,
z.B. – „Eine Dunkelheit an dieser Stelle würde die Gestalt stärker hervorheben."
oder – „Male noch ein paar Menschen mehr, damit die Menschenmenge größer wird."
oder – „Mische noch viel hellere Farben, Noahs Regenbogen muß richtig leuchten."

Loben

☐ Kritisieren Sie so wenig wie möglich, loben Sie so viel wie möglich. Aber übertreiben Sie Ihr Lob nicht, weil es sonst unglaubhaft wird.

Akzeptieren

☐ Vermitteln Sie der Gruppe, daß jeder Beitrag wichtig ist und voll akzeptiert wird.

☐ Verteilen Sie bei Gemeinschaftsarbeiten die Arbeitsaufträge so, daß jeder nach seinen Begabungen und Fähigkeiten zum Zug kommt.

☐ Oftmals mißrät das erste Bild. Ermuntern Sie zu einem zweiten Versuch, denn es ist wichtig, daß jeder mit einem Erfolgserlebnis nach Hause geht.

Ausstellen, präsentieren

Zeichnungen, Bilder, Collagen sind das Ergebnis einer ganz individuellen Auseinandersetzung mit einem Thema. Deshalb sollte man sie nicht einfach in der Schublade verschwinden lassen, sondern eine Weile sichtbar um sich haben, um sie wirken zu lassen. Nichts ist für Kinder, aber auch Erwachsene, schöner, als das eigene gelungene Bild neben den Bildern anderer an der Wand ausgestellt zu sehen. Das muß überhaupt nicht aufwendig geschehen. Es genügt, Bilder mit ein paar Stecknadeln an die Wand zu heften.
Natürlich sollte niemand mit einem wirklich mißratenen Beitrag bloßgestellt werden. Da wäre es wohl besser, das eine oder andere Bild zu unterschlagen. Andererseits sollen nicht „Leistungsschauen“ abgehalten werden, die nur die besten Arbeiten zeigen. Auch derjenige, dessen Bild weniger gut gelungen ist, möchte es ausgestellt sehen und hat ein Recht darauf. Auf alle Fälle ist darauf zu achten, daß nicht immer nur Bilder von denselben Leuten zu sehen sind, sondern auch die Arbeiten von solchen, die sich weniger hervortun.

Bildträger aus Wellpappe

Wer sich etwas mehr Mühe machen will, kann die Bilder auf entsprechend zugeschnittenen Stücken Wellpappe präsentieren. Die geriffelte Vorder- und die glatte Rückseite der Wellpappe geben einen neutralen Hintergrund ab (siehe S. 90 f.).

Passepartout

Eine aufwendige, aber besonders wirkungsvolle Art der Präsentation ist es, die Bilder mit Passepartouts zu versehen. Eine Anleitung zum Herstellen einfacher Passepartouts und ein paar Grundregeln, die Sie beim Aufhängen von Bildern beachten sollten, finden Sie auf Seite 101 f.
Vielleicht beziehen Sie auch gelegentlich besonders gut gelungene Bilder einer Gruppe in den Gottesdienst mit ein oder schmücken damit den Kirchenraum.

Betrachten

Das gemeinsame Betrachten der ganz unterschiedlich aufgefaßten und ausgeführten Bilder ist für alle in der Gruppe anregend und bereichernd. Bedenken Sie dabei:

- ☐ Die Bilder sollen nicht kritisiert oder gar „zensiert" werden. Heben Sie Besonderheiten hervor. Führen Sie schwächere Arbeiten behutsam weiter. Nehmen Sie alle Arbeiten ernst.
- ☐ Die Bildbesprechung soll Denkanstöße vermitteln und Mut zu weiterem Gestalten machen.

BIBLISCHE TEXTE GESTALTEN

Eine wichtige Phase: die Einstimmung

Die Verkündigung und Weitergabe der biblischen Botschaft ist ein elementares Anliegen jeder kirchlichen Gemeindearbeit. Warum sollten wir neben den uns allen geläufigen Formen von Predigt, Gespräch und Gesang nicht auch einmal versuchen, biblische Texte mit bildnerischen Mitteln zu erschließen? Zeichnend, malend und gestaltend erreichen wir ganz andere Schichten menschlicher Empfindungsfähigkeit, so daß ein tieferes Erleben möglich wird, als es über bloßes Hören und Reden geschieht.

Einstimmen

In Gruppen, die es nicht gewöhnt sind, sich mit bildnerischen Mitteln auszudrücken, ist die Phase der Einstimmung von großer Wichtigkeit.

- ☐ Lesen Sie den ausgewählten biblischen Text vor oder erzählen Sie ihn mit eigenen Worten.

Wirken lassen

- ☐ Lassen Sie der Gruppe Zeit, über den Text nachzudenken. Was will die Geschichte sagen? Welche Gefühle weckt sie in mir? Welche Erfahrungen meines eigenen Lebens finde ich darin wieder?
- ☐ Lassen Sie die Gruppe still werden, zur Ruhe kommen. Vielleicht schließen alle die Augen und lassen das Gehörte in sich wirken.
- ☐ Langsam tauchen Vorstellungen auf – eine Szene, eine Gestalt, eine Geste, eine bestimmte Farbempfindung. Unterstützen Sie das Entstehen solcher innerer Bilder behutsam durch kurze Fragen oder Hinweise, z.B.: Wo hat sich die Geschichte abgespielt – an einer Weggabelung, auf einem Berg, in der Wüste? Wie sieht es dort aus? Wie wird die biblische Gestalt sich verhalten haben? Liebevoll zugewandt oder abwehrend, ängstlich oder erschreckt, zornig oder gelöst und erleichtert?

Auswählen

Eine Vielzahl von Assoziationen und Bildern haben sich eingestellt. Die ganze Geschichte „steht uns vor Augen". Wir können nicht alles zugleich gestalten, also muß ausgewählt werden.

Wir überlegen:

- ☐ Wo liegen Schwerpunkte der Geschichte, wo der Höhepunkt?
- ☐ Was ist mir wichtig, wovon fühle ich mich angerührt?
- ☐ Kann ich etwas weglassen und damit anderes verstärken?
- ☐ Eignet sich eine Szene besonders zur bildnerischen Gestaltung? Oder gibt es mehrere, mir gleich wichtige Höhepunkte, die – vielleicht als Bilderfolge – bearbeitet werden sollten?

Welche Technik? Welches Material?

Haben wir uns Schritt für Schritt für eine biblische Szene, für eine uns wichtige Aussage entschieden, müssen wir darüber nachdenken, in welcher künstlerischen Technik wir sie gestalten wollen.
Nicht jede biblische Geschichte verlangt eine farbige Gestaltung. Vielleicht kommt ihr Gehalt sogar besser im Schwarz-Weiß-Kontrast zur Geltung.
Das sinnenfreudige, aber Gott ungefällige Treiben in der Stadt Ninive gelingt in üppiger Farbigkeit vielleicht überzeugender als mit Bleistift oder Tusche. Anders dagegen die Szene, wenn Menschen und Tiere dieser Stadt in Sack und Asche Buße tun. Hier gilt es in verschiedenen Grau- oder Ockerabstufungen die beste Wirkung zu erzielen.
Josefs buntes Kleid kann selbstverständlich in Schwarz-Weiß-Technik durch verschiedene gezeichnete Ornamente hervorgehoben werden, doch wird – mit Farben gemalt – der Gegensatz zu den grauen Alltagskleidern seiner Brüder bestimmt größer.

Wir fragen also:

- ☐ Farbig oder schwarz-weiß?
- ☐ Gemalt oder graphisch-linear?
- ☐ Großflächig-plakativ oder klein-getupft-locker?
- ☐ Kommt eine andere Technik der Darstellung mehr entgegen, z.B. die Collage oder die Plastik?

Vielleicht fragen wir auch:

- ☐ Welches Material ist vorhanden, und mit welcher Technik nutze ich es am besten für mein Vorhaben, denn manches Material schließt die eine oder andere Technik aus, z.B. derbes Packpapier die Aquarellmalerei.

Die wichtigsten bildnerischen Gestaltungsmöglichkeiten

Im folgenden finden Sie eine Übersicht über die wichtigsten Gestaltungsmöglichkeiten und ihre Anwendungsformen.

Zeichnen

Schwarzweiß: Bleistift, Kugelschreiber, Tintenroller, Filzstift, Kohle, Feder-Tusche, Pinsel-Tusche
Farbig: Buntstift, Filzstift, Wachsmalkreide, Tafelkreide

Malen

Wasserfarben (Aquarell), Deckfarben, Fingerfarben, Kleisterfarben, Plakafarben, Dispersionsfarben

Formen

Vollplastik: Plastilin, Fimo, Ton, Ytong-Steine, Papiermaché, Drahtgeflecht, Draht, Gips
Relief: Metallfolie, Ton, Papier, Pappe

Gestalten

Collage, Montage, Applikation, Papp- und Papiergestaltung

Drucken

Stempeldruck, Monotypie, Linolschnitt, Pappenhochdruck

Schreiben

Filzstift, Tintenroller, Feder, Pinsel, Tusche

Im Anhang finden Sie eine alphabetisch geordnete Tabelle zu den wichtigsten Mal- und Bastelmaterialien. Hier erfahren Sie, was Sie im Hinblick auf Umweltschutz und gesundheitliche Verträglichkeit wissen müssen.

Darstellen und Gestalten

Zeichnen

Das älteste und elementarste Mittel künstlerischer Mitteilung ist das Zeichnen. Es genügt dazu ein Bleistift und ein Stück Papier. Mit Geschick und Phantasie lassen sich damit schöne Illustrationen machen.

Exakte Linien, klare Umrisse, Ornamente

Zeichnen eignet sich für Darstellungen, in denen es um exakte Striche und Linien, um klare Umrisse und geometrische Formen, um Ornamente und Strukturen geht. Zum Zeichnen gehören Ausdauer, Sorgfalt und Liebe zum Detail.
Es gibt in jeder Gruppe Menschen, denen gerade das liegt, geborene Zeichner, die – erstaunt über ihre neu entdeckten Fähigkeiten – mit großer Freude und Hingabe alle Möglichkeiten durchprobieren, die das Material „Bleistift" bietet.
Josefs „bunter" Rock kann zum Beispiel auch in einem Bleistiftbild dargestellt werden: er wird gemustert. Der Erfindungsgabe sind dabei keine Grenzen gesetzt.

Vgl. Bildteil Nr. 12 u. 14

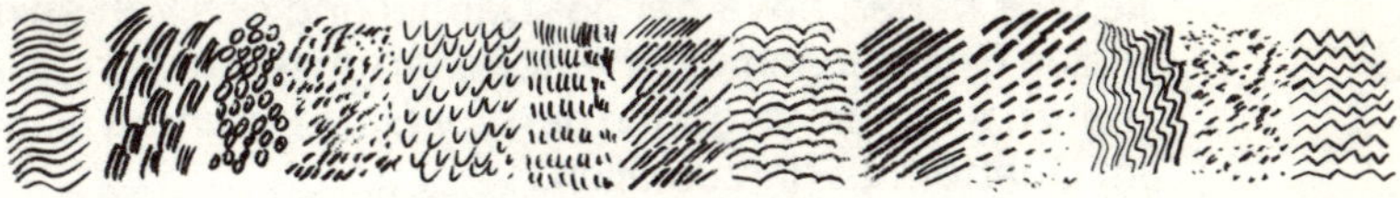

Der Gruppenleiter, der öfter mit seiner Gruppe zeichnet, tut gut daran, sich ein paar grundsätzliche Kenntnisse über Zeichentechniken anzueignen – nicht um die Gruppe damit zu belehren, sondern um bei Fragen und Unsicherheiten Hilfen und Anregungen geben zu können.

Keine Belehrungen!

Vor allem bei Kindern sollte man sich vor Belehrungen hüten. Damit würde man ihnen die Spontaneität nehmen und sie befangen machen. Fragen nach Perspektive, Bewegung und „richtigen“ Proportionen spielen erst beim Jugendlichen und Erwachsenen eine Rolle. Hier erweist es sich allerdings als vorteilhaft, wenn der Gruppenleiter die wichtigsten Grundregeln vermitteln kann. Wer sich also sachkundig machen möchte, findet außer den allgemeinen Vorüberlegungen auf den nächsten Seiten am Ende des Buches eine etwas ausführlichere Anleitung zur Perspektive und zum Figuren- und Gesichterzeichnen.

Sich sachkundig machen

Format

Bevor wir mit der Darstellung beginnen, überlegen wir uns, welches Format wir nehmen wollen. Die Wahl des geeigneten Formates trägt oft entscheidend zum Gelingen des Bildes bei. So liegt es näher, etwa bei der Darstellung des von seinen Brüdern in den Brunnenschacht gestoßenen Josef ein schmales Hochformat zu nehmen, dagegen den vor Gottes Auftrag fliehenden Jona im Querformat darzustellen.

Hoch oder quer?

Im ersten Beispiel fällt es leichter, Josefs fast aussichtslose Lage im dunklen, tiefen Schacht deutlich zu machen. Im anderen Fall läßt sich besser die große Entfernung zeigen, die Jona zurücklegen will, um dem Anspruch Gottes zu entkommen.

Normalerweise verwenden wir die verschiedenen im Handel erhältlichen DIN-Formate. Es kann jedoch sehr reizvoll sein, gelegentlich von diesen alltäglichen Normen abzuweichen, um eine noch bessere Bildwirkung zu erzielen.
Wie wäre es beispielsweise mit einem schmalen, überlangen Streifen, einem winzigen Quadrat oder gar einem Oval oder Rundbild? Beobachten wir doch, daß nach dem Motto „Öfter mal was Neues" schon ein etwas ungewöhnlicheres Format einen neuen Ansporn zu geben vermag.

Wußten Sie,

Die üblichen Papierformate

- ☐ daß die verschiedenen Formate der DIN-A-Reihe (1–5) immer wieder durch Halbieren der 1 qm großen Grundfläche des Grundrechtecks DIN A 0 gewonnen wird,
- ☐ daß man durch weiteres Teilen eines DIN-Formates leicht Quadrate und schmale Streifen bekommt,
- ☐ daß mehrere schmale Streifen oder Querformate – zum Endlos- oder Rollenbild zusammengeklebt – ganz besonders für Bildergeschichten geeignet sind (siehe Abb. S. 26)?

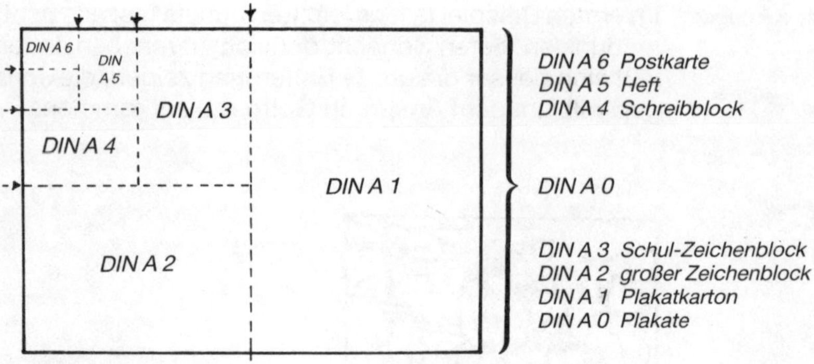

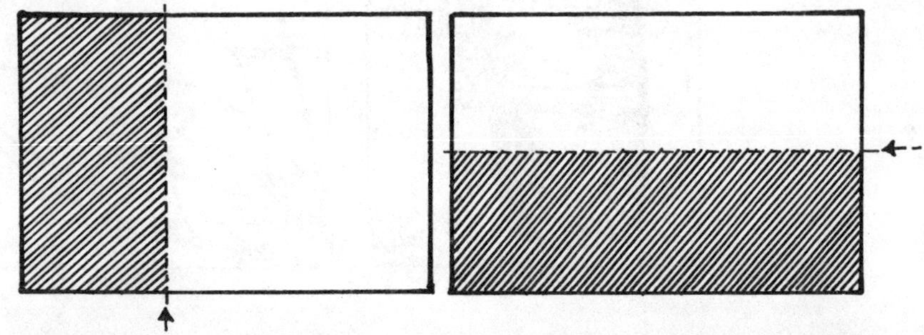

Immer sollte bei der Wahl des Formates bedacht werden, ob das Thema das Blatt überhaupt füllt. Oder im anderen Fall, ob auf dem vorgesehenen Format auch genügend Platz für die ganze Szene ist. Eine einzelne kleine Gestalt verliert sich auf einem großen Blatt. Der Person des Zachäus dagegen, der inmitten einer großen Menschenmenge dem Einzug Jesu in Jerusalem zuschaut, muß viel Raum zur Entfaltung gegeben werden.

Vgl. Bildteil Nr. 5

Raumaufteilung

Wie der Regisseur im Theater den Ablauf einzelner Auftritte im Hinblick auf Raumaufteilung, Personengruppierung und Gebärden festlegt, so wird ein Illustrator einzelne Bildelemente zu einer guten Komposition anordnen.

Vorder-, Mittel- und *Hintergrund* sind die drei wichtigsten Bildebenen, in denen eine Bildidee dargestellt wird. Eine Rolle spielt auch der Bildhorizont. Das ist die Waagerechte, die in der Bildtiefe am weitesten entfernt liegt. Sie kann höher oder tiefer gelegt werden.

Hochgelegter Horizont, viel Raum zu szenischer Gestaltung

Tiefliegender Horizont, Weite, aber kaum Platz zum Agieren der Figuren

Ähnlich wie die Horizontlinie gliedern auch senkrechte Bildelemente. Sie können Teile hervorheben und gewichten.

Bildaufbau: von links nach rechts, von unten nach oben

In der Regel gleitet der Blick des Betrachters von links nach rechts über das Bild, auch von unten nach oben, bzw. von vorne nach hinten in die Tiefe. Es ist also günstig, eine Szene diagonal in die Tiefe führend aufzubauen.

Die drei Bildebenen mit diagonaler Blickrichtung:

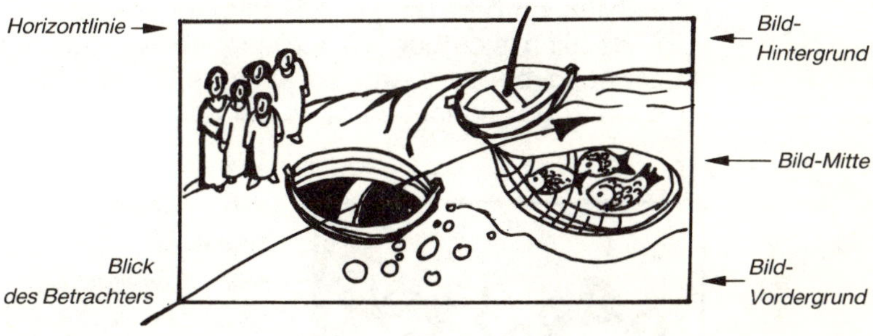

Weniger geschickt wäre es, den Zugang zum Bild durch einen Felsen oder ein anderes Versatzstück zu verstellen.

Nähe/groß – Ferne/klein

Geht der diagonale Aufbau einher mit einer zur Tiefe hin zunehmenden Verkleinerung, so wird eine Nähe-Ferne-Illusion, die Perspektive, vorgetäuscht (s. Abb. S. 27 unten).

Bildordnungsmöglichkeiten

Es gibt noch andere Bildordnungsmöglichkeiten, die hier der Vollständigkeit halber vorgestellt werden sollen. Vielleicht ergibt sich daraus auch die Anregung, es gelegentlich mit einer weniger gebräuchlichen Bildordnungsform zu versuchen:

- ☐ Die *additive Reihung:* Sie ist von mittelalterlichen Tafelbildern her gut bekannt.
- ☐ Das *Streubild:* „Ich erzähle alles, was mir zur Geschichte einfällt, und male es dorthin, wo gerade Platz ist" – eine vor allem im Kindergartenalter weitverbreitete Darstellungsweise.
- ☐ Der *Bedeutungsmaßstab:* Hier wird, wie auf manchen mittelalterlichen Stifterbildnissen nach Wichtigkeit geordnet – im Bildvorder- oder -mittelgrund in aller Größe z.B. Christus oder ein Heiliger als Hauptfigur, dann weiter entfernt, an Größe abnehmend, alle weiteren Figuren und Bildelemente.
- ☐ Zu nennen wären auch die vor allem von kleinen Kindern gern verwendete Darstellungsform des *Röntgenbildes*, auf dem an sich unsichtbare Dinge – z.B. alle Gegenstände in einem Sack – deutlich sichtbar wiedergegeben werden, und das sog. *Drehbild,* bei dem eine fortlaufende Geschichte den Bildrand entlang gezeichnet wird, wobei das Blatt immer mitgedreht wird.

a

additive Reihung (a)

Streubild (b)

Bedeutungsmaßstab (c)

Röntgenbild, man sieht, was darin ist (d)

Drehbild, aus der ägyptischen Kunst und von Kinderbildern bekannt, Gegenstände liegend dargestellt, Bild wird gedreht (e)

Vgl. Bildteil Nr. 24

b

c

Vgl. Bildteil Nr. 3

d

e

Skizzen anfertigen

Im Unterschied zu Kindern, die eher intuitiv an die Sache herangehen, gelingt Jugendlichen und Erwachsenen selten eine erste Zeichnung nach Wunsch. Sie bessern aus, radieren und geben schließlich auf. Statt Freude und Befriedigung stellen sich Ärger und Entmutigung ein. Soweit sollten wir es keinesfalls kommen lassen.
Warum also nicht, wie es auch die Gebrauchsgraphiker tun, den Umweg über Entwurfskizzen nehmen, bevor man das Bild in Originalgröße ausführt? Zum Beispiel kann man sich in daumennagelgroßen gekritzelten (gescribbelten) Skizzen dem Thema nähern.

Daumennagelskizzen

Aus mehreren dieser Skizzen wählt man entweder die beste aus oder setzt gut gelungene Einzelteile aus verschiedenen Entwurfsskizzen zu einer Illustration zusammen.

So könnte man vorgehen:

Mit lockerem Strich, mehrfach neben- bzw. übereinanderstrichelnd, nähern wir uns der gewünschten Gestalt. Durch Verdichten der Strichlagen entstehen klare Formen.

TIP:

Es fällt oft schwer, aus dem Strichgewirr der „Scribbels" eine klare Linie herauszuarbeiten. Darum empfiehlt es sich, ein dünnes zweites Blatt Papier über den gewählten Entwurf zu legen, dann – gegen das Licht – am Fenster aus den durchscheinenden Linien nur die Gewünschte herauszuzeichnen. So kann eine Zeichnung Stück für Stück aus mehreren „Scribbels" zusammengesetzt werden.

Schraffieren

Wem das Zeichnen mit klaren Linien nicht behagt, der hat vielleicht mehr Zutrauen zum Schraffieren, einer einfachen Technik, bei der der Bleistift nicht spitz, sondern fast flach aufträgt. Mit breitem, deckendem Strich wird das Blatt bearbeitet.

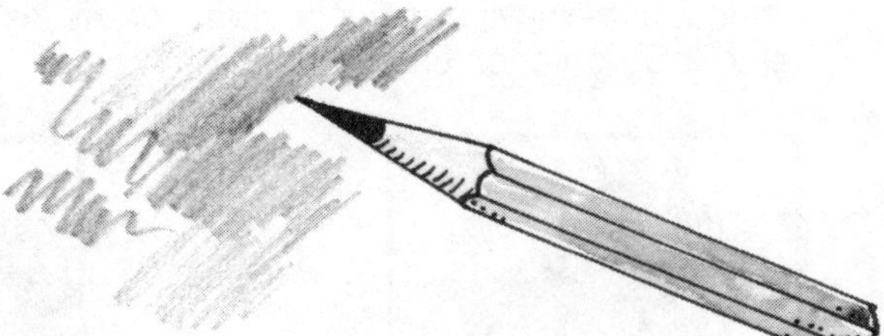

Der Zeichner legt sich nicht gleich fest. Es gibt also keine falschen Striche, sondern vorerst nur Annäherungen an die Figur unserer Vorstellung. Während des mehrmaligen Verdichtens der Schraffuren dort, wo eine Richtung, eine Arm- oder Beinbewegung entstehen soll, werden langsam Figuren sichtbar. Wir ergänzen locker und unverbindlich im Vordergrund eine Wegbiegung, einige Steine oder Grasbüschel. Dann, in der Ferne, vielleicht eine Hügelkette knapp angedeutet oder wenige Häuser, ein Baum, das Meer....

Wer sich so schraffierend über Proportionen, Gestik und Bewegungen, über Umgebung und Szenerie klargeworden ist, dem fällt es leicht, mit verstärkenden Schraffuren hie und da prägnante Stellen stärker herauszuarbeiten: bei menschlichen Figuren z.B. eine Rückenlinie, den Halsansatz, die Armbeuge, Hüfte oder auch eine einzelne wichtige Figur, die betont werden soll und sich vor einer in der Tiefe liegenden Hintergrundstaffage abheben muß. Erst so gewinnt ein Bild an Räumlichkeit, Plastizität und Atmosphäre. Einen besonders weichen samtigen Grauton erzielt man, wenn man die Schraffuren mit dem Finger oder einem Tempotaschentuch vorsichtig verwischt.

Atmosphäre schaffen

Schwerpunkte setzen

Lassen Sie bei dem einen oder anderen Graustufenbild bewußt auch Flächen frei. Es ist nicht nötig, jedes Bild ganz auszufüllen. Oft wird die Phantasie des Betrachters mehr angeregt, wenn freie Flächen zum „Weiterspinnen“ der Geschichte einladen (s. Abb. S. 32 oben).
Fehlen einer Bleistiftzeichnung zum Schluß noch einige markante Stellen, sozusagen der Pfiff, so können wenige nachträglich eingesetzte Strukturen, z.B. temperamentvoll gesetzte Punkte oder Linien, die Bildwirkung verstärken.
Leicht gebogene Parallelen verstärken die plastische Wirkung einer Zeichnung (s. Abb. S. 145 oben).

Wenn hier der Bleistiftzeichnung so viel Platz eingeräumt wurde, dann deshalb, weil sich an der Bleistiftzeichnung die wichtigsten Merkmale und Grundregeln des Zeichnens auf einfache Weise exemplarisch darstellen lassen.

Kugelschreiber, Tintenroller, Filzstift

Aber natürlich muß es nicht immer Bleistift sein! Zeichnen kann man beispielsweise auch mit Kugelschreiber, Tintenroller oder Filzstift. Allerdings erlauben diese Zeichengeräte keine differenzierte Strichführung. Durch die gleichmäßigen, einheitlichen Strichlagen wirken Zeichnungen mit Kugelschreiber oder Filzstiften temperamentlos und langweilig. Man sollte sich vorher also genau überlegen, ob sich das gewählte Zeichengerät wirklich eignet für das, was man zeichnen will.

Mit dem Tintenroller lassen sich zum Beipiel kleine, sensible, gleichsam nur angedeutete Illustrationen machen, bei denen durch verdichtende, übereinandergelegte Strichlagen der Phantasie viel Raum gegeben wird (s. Abb. S. 32 unten).
Der Filzstift eignet sich für Linolschnitt-Entwürfe, deren Linien und Grate breit, deren Flächen deckend schwarz gezeichnet werden müssen:

Alle genannten Zeichengeräte bedingen relativ kleine Formate. Es gibt aber Situationen in Jugend- und Erwachsenengruppen, in denen es befreiend wirkt, wenn groß und weitschwingend gezeichnet werden kann. Vielleicht ist auch ein schnell sichtbares Erfolgserlebnis nötig, oder es müssen Aggressionen mit Hilfe einer Bildgeschichte abgeleitet werden.

Zeichnen mit Kohle

Sich großformatig, großzügig und in der Regel erfolgreich in Schwarzweiß-Gegensätzen auszuarbeiten, das ermöglicht am schnellsten das Holzkohlezeichnen auf grobem Packpapier.

So gehen wir vor:

- ☐ Große Flächen Packpapier werden auf dem Tisch, besser auf dem Fußboden ausgebreitet oder mit Klebstreifen an Wänden befestigt.
- ☐ Zunächst mit vorsichtigem, feinem Strich an die Komposition herantasten. Dann mit stärkerem Druck und kraftvoll dicker und schwärzer die Kohle auftragen. Dabei wird die ungewohnt große Fläche „in Besitz“ genommen. Man kann sich

ausarbeiten, das Papier attackieren. Bei dieser Arbeit müssen Zaghafte aus sich herausgehen, wollen sie nicht nur bläßlich und nichtssagend gestalten.

☐ Abschließend die Kohle mit Fixativ konservieren.

TIP:

Zusätzlich kann das Bild auch mit weißer oder farbiger Tafelkreide überarbeitet werden: an der einen oder anderen Stelle zeichnet man mit andersfarbiger Kreide Parallelen oder schraffiert ein Stück und hebt damit z.B. Augen, Hände und Füße hervor.

Tuschen, Tinten und andere Mixturen

Vielleicht möchten Sie in Gruppen, die gern zeichnen und schon ein wenig geübt sind, auch einmal mit Tusche zeichnen. Tuschen und Tinten sind allerdings recht teuer und schnell verbraucht oder eingetrocknet. Wenn größere Gruppen öfter mit Tusche zeichnen, lohnt es sich deshalb, zu preiswerten Ersatzmöglichkeiten zu greifen. Es gibt Mixturen, die wesentlich billiger sind als Tusche und den gleichen Zweck erfüllen.
Von Emil Nolde, dem berühmten expressionistischen Maler, erzählt man sich beispielsweise, er habe zu einigen seiner besonders leuchtkräftigen Aquarelle Farben aus der Apotheke verwandt, mit denen normalerweise Präparate eingefärbt werden.

Holzbeize

Gute Erfahrungen wurden mit den verschiedenen Braun- und Ebenholztönen der Holzbeize gemacht. Das in Farbengeschäften erhältliche Pulver wird nach Anweisung mit Wasser angesetzt. Man füllt die fertige Beize in verschließbare Gläser und kann sie lange aufheben.

Ostereierfarbe

Ein auch vom gesundheitlichen Standpunkt her unbedenklicheres Färbemittel, das sich hervorragend für Tuschezeichnungen eignet, ist Ostereierfarbe. Sie hat außerdem den Vorteil, daß sie sehr differenziert zu feinsten Farbnuancen gemischt werden kann. Auch sie ist lange in verschlossenen Gläsern haltbar.

Stahlfeder oder Rohrfeder

Das Zeichnen mit Feder und Tusche ist sehr reizvoll und variationsreich. Die Stahlfeder läßt einen an- und abschwellenden lebendigen Strich zu. Mit einiger Übung können damit sehr schöne Illustrationen entstehen.

Vgl. Bildteil Nr. 4

Wer noch nie mit Feder und Tusche gezeichnet hat, sollte es aber zuerst einmal mit der Rohrfeder versuchen. Das Zeichnen mit der Rohrfeder bietet manche Vorteile:

- ☐ Sie ist robuster als Stahlfedern. Man kann sie seitlich gedreht für Flächen benutzen.
- ☐ Sie saugt Tusche auf und gibt sie ungleichmäßig in verschiedenen Graustufen wieder ab.
- ☐ Der Rohrfederstrich verführt zur Großzügigkeit. Auch größere Formate sind leicht gefüllt.

Rohrfedern lassen sich leicht auch selbst herstellen. Am besten im Herbst, wenn das Rohr kräftig und hart ist, besorgen wir uns Schilf oder Riedgräser. Sie wachsen an Seen, Bachrändern und an Gartenteichen.

Und so wird es gemacht:

- ☐ Ansetzen des Messers kurz nach einem das Rohr verstärkenden Wachstumsring. In weichem Bogen – der Form einer Schreibfeder nachgeahmt – trennen wir das Rohrstück ab.

- ☐ Zur Federspitze werden beide Federspitzenseiten exakt geschnitten, notfalls mit einer Rasierklinge gesäubert.

- ☐ Ist bei Rohrstücken die Federspitze besonders breit, kann noch ein Mitteleinschnitt vorgenommen werden, damit die Tuscheführung besser funktioniert. Diese Wirkung kann verstärkt werden durch Einfügen eines schmalen, S-förmig gebogenen Metallstreifens in das Rohr.

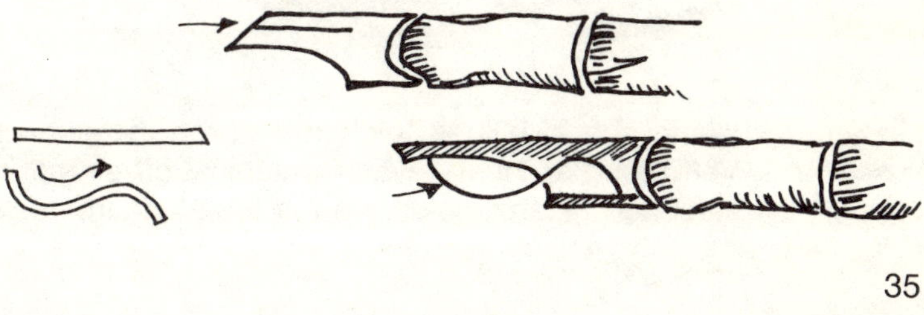

Der Papierstift

Ist außer Papier und Tusche oder einer anderen färbenden Flüssigkeit kein Zeichengerät vorhanden und darf die Gestaltung auch etwas derber und größer ausfallen, so kann mit einem Papierstift gezeichnet werden.
Für den Papierstift ist es charakteristisch, daß er die Tusche zuerst stark aufträgt, dann aber schnell heller wird, so daß schöne Graustufen entstehen. Diese Eigenart des Papierstiftes kann gezielt für Schattierungen genutzt werden.

So stellen Sie den Papierstift her:

- ☐ Möglichst glattes, nicht saugendes Papier so eng wie möglich aufrollen.
- ☐ Das Papierende mit einem Klebstreifen oder etwas Klebstoff fixieren. Es genügt auch, das eine Ende des Stiftes fest umzubiegen.

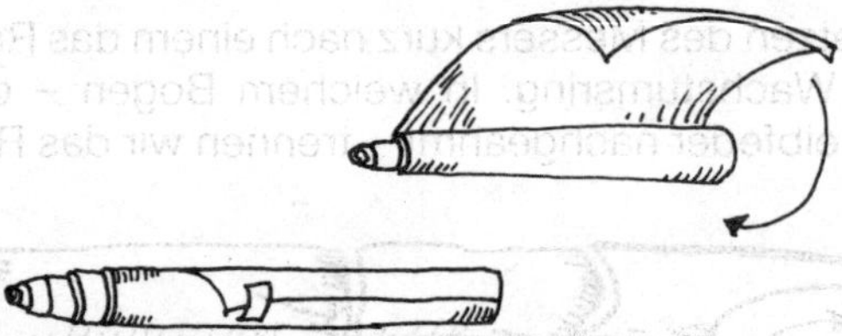

So kann eine Papierstiftzeichnung aussehen:

Mit Tusche und Pinsel zeichnen

Wenn schon billige Zeichenmixturen in reichlichem Maße zur Verfügung stehen – warum nicht auch einmal mit dem Pinsel zeichnen? Ganz gleich, ob mit feiner Haarpinselspitze oder mit dem derben Borstenpinsel: es lassen sich effektvolle Tuschebilder oder dekorative großformatige Zeichen herstellen.

Zwischen Zeichnen und Malen

Wichtig beim Umgang mit Pinsel und Tusche ist nur, daß nicht zaghaft und kleinlich, sondern großzügig mit lockerem, schwingendem Pinselstrich gezeichnet wird.

Lavieren

Eine reizvolle Ergänzung der Pinsel-Tusche-Zeichnung ist die Technik des Lavierens:
Man verdünnt die Tusche mit etwas Wasser und erreicht so verschiedene Grauabstufungen, die flächig z.B. zur Hintergrundgestaltung eingesetzt werden können, wodurch sich die Atmosphäre eines Bildes verstärken läßt.

Vgl. Bildteil Nr. 11 u. 12

Mischtechniken

Streng betrachtet ist Zeichnen mit Pinsel und lavierter Tusche eigentlich eher ein Malen, da die Tusche flächig aufgetragen wird. Das Zeichnen mit Buntstiften dagegen, mit farbigen Kreiden und mit Filzstiften, wird fälschlich meist als Malen bezeichnet, weil Farben aufgetragen werden. Es zeigt sich also, daß die Begriffe Malen und Zeichnen nicht immer ganz klar zu definieren sind.

Wo mehrere Techniken kombiniert verwendet werden, spricht man von Mischtechnik. So kann beispielsweise die sehr dunkel geratene lavierte Tuschezeichnung mit Tafel- oder Wachsmalkreiden überarbeitet werden (TIP Seite 34). Sie kann auch durch einige Farbflecken mit dem Pinsel mehr Tiefe bekommen. Oder Gegenstände und Figuren auf einem gemalten Bild werden nachträglich mit Feder und Tusche plastischer herausgearbeitet. Diesen Mischtechniken sind solange keine Grenzen gesetzt, wie der Untergrund Farben und Schraffuren aufnimmt. Aus künstlerischer Sicht ist jedoch das Ineinander- und Übereinanderarbeiten so verschiedener Techniken auch mit Gefahren verbunden. Leicht könnte überladen werden. L'art pour l'art ist nicht unser Ziel. Bei dieser Technik ist es also sehr wichtig, den richtigen Zeitpunkt zur Beendigung der Gestaltung zu finden.

Mischtechnik

Malen

Im Kindergottesdienst, aber auch auf Freizeiten und in Jugendgruppen und leider ganz besonders häufig im Religionsunterricht wird fast nur zu farbigen Stiften gegriffen, wenn eigentlich gemalt werden soll.
Dagegen wäre auch nichts einzuwenden, wenn es nicht in der Regel dabei bliebe. Viele Schüler und Kindergottesdienstkinder lernen nie eine andere farbige Gestaltungsmöglichkeit für biblische Geschichten kennen als die, mit Bunt- und Filzstiften zu zeichnen.
Das ist deshalb so bedauerlich, weil sich diese Stifte immer nur rein auftragen lassen. Mischtöne, wie sie sich mit Wasserfarben oder anderen flüssigen Farbstoffen erzielen lassen, sind kaum möglich. Das Ergebnis: Bilder in leuchtenden, ungebrochenen Farben, aber farblich nicht sehr differenziert.
Statt nur mit Buntstiften oder Filzstiften sollte man darum so oft wie möglich mit „richtigen" Farben malen – das heißt mit dem Malkasten, mit Plakafarben oder selbstangerührten Kleisterfarben (siehe Seite 40).
Farben regen an, geben Gefühle wieder, erwecken Assoziationen und hin und wieder auch Aggressionen. Farben lassen die Welt in einem freundlicheren Licht erscheinen oder dämpfen die Stimmung.

Farbpsychologen nutzen diese Wirkung bei der Arbeitsplatzgestaltung oder ziehen aus bevorzugten Farbkombinationen Rückschlüsse auf den Gemütszustand eines Patienten.
Wer gerade in Stimmung ist und Farben zur Hand hat, läßt sich vielleicht zum Malen anregen und verfällt, je nach Temperament sogar in einen „Farbenrausch".

Eine angehende Religionspädagogin beobachtete:
„Wenn beim Malen in Jugendgruppen und Schulklassen eine völlig ungewohnte Stille eintrat, empfand ich das als neuartig und bemerkenswert. Die Jugendlichen vergaßen die Umwelt um sich, nahmen keine Geräusche mehr wahr. Manche Jungen und Mädchen hatten während des Gestaltens einen freudig erregten Gesichtsausdruck. Selten habe ich in meiner bisherigen Jugendarbeit bei jungen Menschen zufriedenere und glücklichere Gesichter gesehen, als beim Malen." (Esther Wühle: Kreatives Malen. Zugänge zu biblischen Inhalten und zum eigenen Ich. Unveröffentlichte Diplomarbeit. München)

Malen – ein Weg zu sich selbst

Kreatives Malen – also eine Möglichkeit, zu sich selbst zu finden? Gewiß, der Umgang mit reinen, leuchtenden Farben oder mit gemischten, gebrochenen Farbtönen, die Erfahrung von Farbqualitäten und Farbquantitäten, bietet Möglichkeiten, sich auszudrükken, sich selbst besser kennenzulernen und mit anderen zu kommunizieren.
Ein weiteres kommt hinzu: Malen erfordert nicht unbedingt Gegenständlichkeit wie das Zeichnen. So entfallen manche Ängste und Hemmungen wegen vermeintlicher Unfähigkeit.

Eine junge Frau, überrascht von ihrem gelungenen Bild:
„Ich begreife es nicht, ich hatte in Kunst immer eine Fünf!"
So gesehen, als Weg zu sich selbst, zu ermutigender Erfahrung von Gestaltungsfähigkeit außerhalb schulischer oder gar beruflicher Leistungszwänge, kommt gerade dem Malen biblischer Inhalte eine große Bedeutung zu.
Hier haben einfühlsame Guppenleiter eine wichtige Verantwortung zu tragen. Behutsam können sie weiterhelfen, können durch differenzierte Themenstellung den Weg zu individueller Farbgestaltung führen, so daß kein Bild in der Farbigkeit dem anderen gleicht, und die Gestaltenden immer wieder einen Fortschritt in ihren Möglichkeiten spüren.
Biblische Inhalte malend zu erfahren soll ein gutes, wohltuendes Erlebnis sein, nach Möglichkeit sogar ein Erfolgserlebnis.

Dabei ist zu bedenken:

- ☐ Freude am Malen erlischt schnell, wenn die Ergebnisse aller Mühen immer ähnlich aussehen, egal um welches biblische Thema es sich handelt.
- ☐ Helfen Sie mit, durch geschickte Themenwahl, durch verschiedene Malmittel und durch vielerlei verschiedene Techniken die Neugierde auf bildnerisches Gestalten biblischer Inhalte zu wecken und zu erhalten.

Jeder von uns hat irgendwann während seiner Schulzeit Bekanntschaft gemacht mit dem Deckfarbenkasten, der in kleinen Farbnäpfen die wichtigsten Grundfarben enthält. Für häufiges und großzügiges Malen greifen wir aber lieber zu anderen Farben, die den Vorzug haben, billiger zu sein. Folgende Farben kämen für uns in Frage:

Von Farben und Pinseln

- ☐ *Dispersionsfarben* lassen sich gut mischen und mit Wasser verdünnen. Nach dem Trocknen sind sie wasserfest und können immer wieder neu übermalt werden. Dispersionsfarben sind wirtschaftlicher als Deckfarben.
- ☐ *Plakafarben:* leuchtende, sehr gut mischbare Farben. Sie sind wetterfest, in Gläschen erhältlich, allerdings nicht billig.
- ☐ *Fingerfarben:* wurden eigentlich für Kinder im Kindergartenalter entwickelt. Gelegentlich werden sie auch bei Bastelnachmittagen in Kirchengemeinden oder auf Gemeindefreizeiten angeboten. In breiten, mit dem Finger oder der ganzen Hand aufgetragenen reinen Farben gelingen archaisch anmutende Malereien. Es liegt in der Natur dieser Farben, daß sie kaum gemischt werden können und immer plakativ derb wirken. Fingerfarben sind relativ teuer.
- ☐ *Kleisterfarben:* gut mischbare Farben, die selbst angerührt werden können und darum preiswert sind. So werden Kleisterfarben hergestellt:
  - Tapetenkleister nach Vorschrift mit Wasser anrühren. Achtung: Kleister dickt leicht nach und klumpt. Daher gut durchrühren und genügend Wasser zufügen!
  - Kleister portionsweise in Schraubverschlußgläser abfüllen und jeweils eine Pulverfarbe zusetzen, die Sie in Fachgeschäften für Malereibedarf bekommen.
  - Zu wenig Farbpulver ergibt fahle Farben, zuviel Farbpulver wird nicht abgebunden, die Farben blättern nach dem Trocknen ab.
  - Nach Gebrauch die Gläser gut verschließen.

- *Farbige Tafelkreiden:* eignen sich gut für großflächiges Zeichnen auf grobem Papier. Wenn man mehrere Farbkreiden übereinander verarbeitet, ergeben sich interessante Farbmischungen. Dabei nimmt man die Kreide am besten mit der Breitseite. Ein Nachteil der Tafelkreide ist, daß sie sehr pudert. Die Zeichnungen verschmieren leicht.

TIP:

Legen Sie die Tafelkreide einige Stunden in Zuckerwasser. Das bindet die Kreidepartikel.

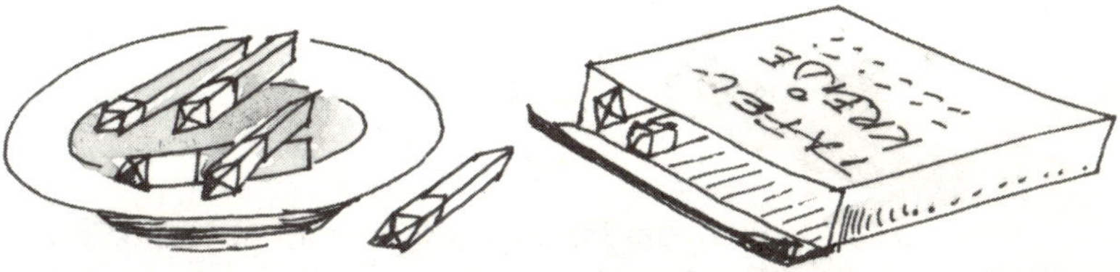

Borstenpinsel und Haarpinsel

Gute Pinsel sind nicht billig. Es lohnt sich, sie pfleglich zu behandeln.
Wir unterscheiden feine Haarpinsel, die für kleinere Formate oder diffizile Malereien geeignet sind, und die derberen Borstenpinsel. Haar- und Borstenpinsel sind in verschiedenen Stärken erhältlich, Borstenpinsel auch als Rund- oder Flachpinsel. Letztere sind besonders für das großflächige Malen von Wandbildern oder zum Grundieren zu empfehlen.
Alle Arten Pinsel müssen nach dem Malen sorgfältig ausgewaschen und gesäubert und mit den Borsten nach oben zum Trocknen in ein Gefäß gestellt werden.
Gelegentlich ruinieren allzu eifrige, vor allem jüngere Maler, unabsichtlich die feinen Haarpinsel, wenn sie die Farben im Farbnapf so kräftig anrühren, daß die Pinselhaare brechen. Dieser Anfängerfehler läßt sich beheben, indem wir am Beispiel zeigen, daß bei nur leichtem Berühren der Pinselspitze mit der Farbe die gleiche Wirkung erzielt wird.

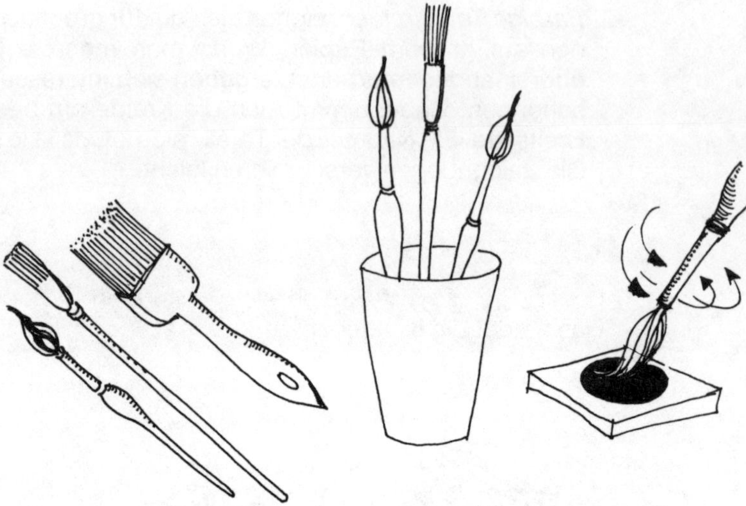

Die Farbgestaltung

Die Auswahl der Farben entscheidet über die Wirkung eines Bildes. Deswegen sollten wir vor Beginn der Arbeit darüber genaue Vorstellungen haben.

Kleinkinder verwenden wahllos alle verfügbaren Farben. Ihre Bilder sind kunterbunt. Auch wenn sie ganz Verschiedenes darstellen wollen, so unterscheiden sich ihre Bilder in der Farbigkeit oft wenig voneinander.

Ältere Kinder dagegen werden wählerisch. Buntes langweilt sie schnell. Sie tun es als kindisch und „babyhaft“ ab.

Je älter die Jugendlichen, desto eher bevorzugen sie bestimmte Farbkombinationen, desto mehr trauen sie sich, zu mischen oder einige Farben auch ganz auszulassen.

Augenblicklich ist es Mode, Kleidung Ton in Ton zu tragen. Auch Blumensträuße kauft man Ton in Ton. Wäre es nicht naheliegend, erst recht beim Malen auf zueinander passende Farbtöne zu achten?

Farbauswahl

Bestimmte Bildthemen – Feuer, Wasser, Wüste z.B. – setzen eine begrenzte Farbpalette voraus. Es kann also durch eine bestimmte Themenstellung bereits eine Farbauswahl nahegelegt werden.

Statt kunterbunt also besser eine ausgewählte Farbigkeit – statt wahllos alle Farben auszuprobieren, nur weil sie im Farbkasten vorhanden sind, lieber Farbton zu Farbton passend wählen, statt Farbüberfülle lieber Farbbeschränkung!

Das bedeutet noch lange nicht, daß bei gezielter Themenauswahl und bei beratender Hilfestellung unzulässig eingeengt und bevormundet würde. Niemand will anderen die künstlerische Freiheit nehmen. Niemand will etwas vorschreiben! Im Gegenteil: Wir zeigen vielfältige, immer neue Möglichkeiten auf, wie man sich biblischen Themen bildnerisch nähern kann. Wir regen an und zeigen die eine oder andere erprobte Technik. Das kann schon bei der Einführung der biblischen Szene sein.

Dafür zwei Beispiele:

- ☐ „Jona auf dem Schiff. Es stürmt, es ist dunkel. Alle haben Angst. Das Meer hat eine drohende dunkelgrüne Farbe. Große Wellen überschlagen sich. Der Himmel ist düster und grau. Weißschäumende Gischt spritzt über die Schiffsplanken. Habt ihr schon einmal das Meer bei Sturm erlebt?"
  Wohl kaum jemand wird nach einer solchen Einführung sein Bild nur in Gelb- und Rottönen malen.
- ☐ Junge Erwachsene haben sich zu kreativem Malen zusammengefunden. Es ist Vorweihnachtszeit. Sie wollen die Ankündigung der Geburt Jesu (Luk. 1, 26 ff.) mit Plaka- und Dispersionsfarben auf Packpapier gestalten. Viel Weiß verwenden sie, dazu Gelb-, Orange- und Rottöne, Gold und Ocker. Farben und Formen werden auf dem mittelbraunen Untergrund weiter verstärkt, sie scheinen zu strahlen, zu explodieren. Manchen Teilnehmer erfaßt ein Farbenrausch. Jemand meint erschöpft: *„Ich habe beim Malen deutlich die Freude der Maria empfunden".*

Bei diesen Erwachsenen hatte ganz von selbst eine Farbauswahl stattgefunden. Schwarz, Dunkelgrün und Dunkelblau waren wenig benutzt worden. Alle hellen, leuchtenden Farbtöne dagegen waren fast aufgebraucht. Allein die lebhafte Vorstellung, wie bewegt Maria bei der Ankündigung ist, hatte die Farbwahl bestimmt.

Vgl. Bildteil Nr. 10

Bei Kindern und Jugendlichen darf im Vorgespräch auch auf die Möglichkeit der Farbbegrenzung und der damit verbundenen Ausdruckssteigerung gegenüber „bunter" Gestaltung hingewiesen werden.

Zum Beispiel:

Vgl. Bildteil Nr. 1 u. 26

- ☐ „Nehmt nur gelb, ocker und hellbraun (die Erdfarben), mischt diese Farben mit anderen Farben, wenn ihr die Wüste darstellen wollt..."

☐ „Malt Josefs Brüder mit dunklen, einfarbigen Gewändern; Josefs Kleid dagegen darf farbenfroh und bunt sein. Ihr wißt, sein Vater hat es ihm geschenkt, und die Brüder sind ärgerlich darüber."

☐ „Josef ist Gefangener in Ägypten. Im Gefängnis ist es dunkel, und sein Gewand ist zerrissen. Ihr könnt viele dunkle Farben verwenden, auch Grautöne. Vielleicht durch ein kleines Fenster, oben, dicht unter der Decke, sieht Josef ein Stückchen blauen Himmel und die Sonne."

Deckender oder durchscheinender Farbauftrag

Wasserfarben- und Deckfarbenmalerei unterscheiden sich sehr voneinander. Im einen Fall mischen wir Farben mit sehr viel Wasser, tragen sie hauchzart und so fließend wie möglich auf. Im anderen Fall wird die Farbe dicht, Fleck an Fleck, so deckend wie möglich auf das Blatt gebracht.

☐ Deckfarben wirken eher plakativ und dekorativ, Wasserfarbenmalerei fein und atmosphärisch.

☐ In beiden Fällen – das ist wichtig – sollte nicht im Stile früherer Ausmalbücher eine Vorzeichnung gemacht werden, die an- bzw. ausgemalt wird. Viel besser und befreiender ist es, wenn direkt – also ohne jede Vorzeichnung – Farbe mit dem Pinsel aufgetragen wird.

☐ Auch Naß-in-Naß-Malerei ist eine verlockende Maltechnik: vor dem Malen wird das Papier angefeuchtet. Die Feuchtigkeit läßt die Farben fließen, ihre Ränder verwischen sich.

Vgl. Bildteil Nr. 1 bzw. Nr. 7

Während bei der Wasserfarbenmalerei das Papier weiß durchleuchten soll (Abb. links) und die Farben ineinanderfließen dürfen (Naß-in-Naß-Malerei), decken die Farben bei der Deckfarbenmalerei den Untergrund dicht (Abb. rechts). Beim Wasserfarbenbild

(Aquarell) nachträglich etwas zu ändern oder zu verbessern ist fast nicht möglich. Das Deckfarbenbild dagegen kann mehrfach übermalt werden.
Wann Sie welche Technik bevorzugen, hängt sowohl vom Thema, als auch vom Alter und Können der Malenden ab.

Malen – Gelegenheit zur Gruppenarbeit

Malen eignet sich besser als die meisten anderen Techniken für große Gemeinschaftsbilder. Gemeint sind hier nicht große Wandbilder für den Gottesdienst – davon wird später die Rede sein –, sondern echte Gemeinschaftsarbeiten, bei denen es sehr eng zugeht, weil mehrere an einem Bild malen, und wo Rücksicht aufeinander genommen werden muß.
Gerade das soll in Gruppen geübt und zum Erlebnis werden: sich ganz auf den Nachbarn einstellen, abwarten, was er vorschlägt, welche Farbe er wählt, dann die eigene Farbe passend dazu mischen, damit kein Mißklang entsteht.
Dieses Vorgehen in der Gruppe erfordert Rücksichtnahme und Toleranz, vielleicht sogar vorherige Absprachen.

So können Sie vorgehen:

- ☐ Großformatiges Papier, z.B. zusammengeklebte Packpapierbahnen (siehe Seite 89 f.) auf dem Fußboden auslegen oder an einer freien Wand befestigen, so daß alle zugleich an einem ihnen zugewiesenen Platz arbeiten können.
- ☐ Falls Sie nicht ganz frei mit Farben „phantasieren" wollen, sollten Sie eine Entwurfskizze machen, die ebenso viele Planquadrate enthält wie Teilnehmer in der Malgruppe (s. Seite 93).
- ☐ Großzügiges Übertragen der Entwurfskizze mit Kohle oder Bleistift auf den großen Papierbogen. Während des Malens muß jeder sein Teilstück immer wieder mit den angrenzenden Teilstücken überprüfen und sich mit den anderen abstimmen.

Es gibt noch eine zweite Möglichkeit, in Gruppenarbeit ein großes Gemeinschaftsbild herzustellen (s. Abb. S. 93).

So wird es gemacht:

- ☐ Jeder einzelne bekommt einen eigenen kleinen Bogen Papier zum Malen.
- ☐ Auf den großen Gemeinschaftsbogen einen Entwurf zeichnen, in so viele Planquadrate teilen, wie Personen mitmalen, Bildausschnitte numerieren und jedem Teilnehmer einen zuordnen.

- ☐ Auf die kleinen Papierbogen werden nun die numerierten Bildteile gemalt. Dabei fangen Sie am besten immer in der Mitte an zu malen, damit zum Rand hin die Farben und Formen jeweils mit den Nachbarn abgestimmt werden können. Zur Überprüfung immer wieder einmal die numerierten Einzelbogen zum Gesamtbild zusammenlegen.
- ☐ Zum Schluß werden alle Einzelteile zu einem großen Wandbild mit Packband auf der Rückseite zusammengeklebt.

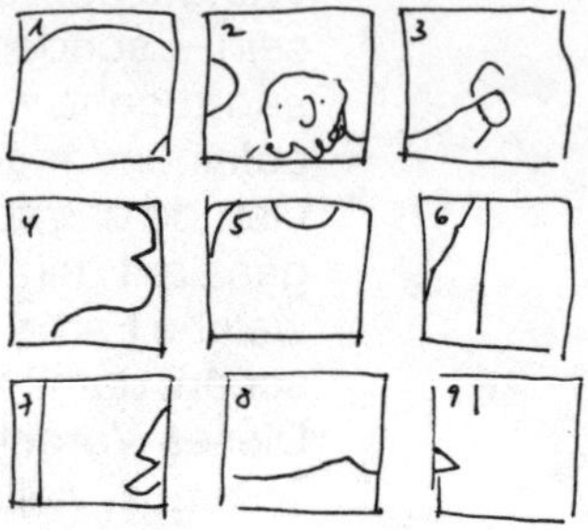

Formen

Räumliches Arbeiten mit verschiedenen Materialien

Immer nur Zeichnen und Malen, wenn auch auf verschiedenen Papiersorten und Formaten, wird irgendwann langweilig. Viel zu selten nutzen wir die Möglichkeit, in einer weiteren Dimension zu arbeiten, gemeint ist die Tiefe, der Raum.

Beim Zeichnen und Malen werden Räumlichkeiten nur vorgetäuscht: entweder zeichnerisch mit Verkürzungen oder malerisch, sei es mit zur Bildtiefe immer heller werdenden Farben, dem sogenannten „Verblauen“, das Ferne vortäuschen soll, sei es durch das Setzen von Glanzlichtern und Schatten dort, wo der Eindruck der Plastizität erreicht werden soll.

Gerade in der Jugend- und Erwachsenenarbeit der Gemeinde ist es wichtig, gelegentlich Räumliches entstehen zu lassen, das man greifen, fühlen und tasten kann. Etwas, um das man, im Falle der Vollplastik, auch herumgehen und es von allen Seiten „in Besitz“ nehmen kann.

Es kommt hinzu, daß für viele das Formen von Höhlungen, Nischen und Rundungen ein weit elementareres Erlebnis ist, als nur auf einer Ebene Bildvorstellungen zu verwirklichen.

Plastilin, Fimo

Es gibt verschiedene formbare Materialien. Einige wurden eigens für Schüler und Kindergartenkinder entwickelt, beispielsweise

Plastilin und Fimo-Knetmasse. Sie sind in vielen leuchtenden Farben erhältlich, lassen sich sauber verarbeiten und ohne Brennofen härten.

Ton

Das klassische Formmaterial ist Ton. Ton ist allerdings nur in Erd- und Ziegelfarben und in schweren Rollen von mehreren Kilo Gewicht erhältlich.
Ohne etwas Dreck auf der Tischplatte geht es beim Verarbeiten nicht ab. Außerdem muß man Ton brennen lassen, damit die Plastik später nicht bröckelt.

Was spricht dann eigentlich überhaupt für Ton?

- ☐ Ton läßt sich hervorragend modellieren.
- ☐ Er ist billig.
- ☐ Man kann leicht größere Mengen zu „richtigen Plastiken" verarbeiten.
- ☐ Ton verleitet zu großzügigem, freiem Arbeiten.

Fazit:

Ton ist ein natürliches, vielseitig zu verwendendes und nicht zu kostspieliges Material für plastische Arbeiten. Der geringe Mehraufwand für das Brennenlassen der fertigen Stücke steht in keinem Verhältnis zum Qualitätsgewinn dieser Plastiken.

Was man braucht

Was wird zum Arbeiten mit Ton gebraucht?

- ☐ Ton: man kauft ihn in Stangen von verschiedenen Farbtönungen bzw. unterschiedlicher Körnigkeit.
- ☐ Eine glatte, möglichst große Tischplatte; für kleinere Stücke genügen auch Resopalbrettchen.
- ☐ Messer, Hölzchen als Modellierhilfe.
- ☐ Gefäß mit Wasser und Lappen.

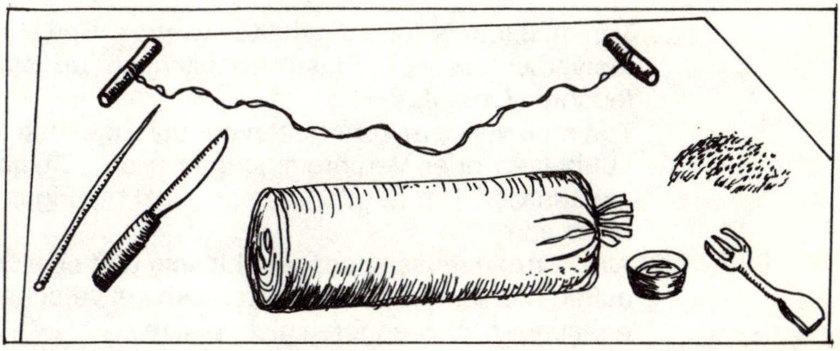

□ Eine Drahtschlinge zum Teilen des Tons von der Rolle und zum Lösen der fertigen Plastik von der Tischplatte.

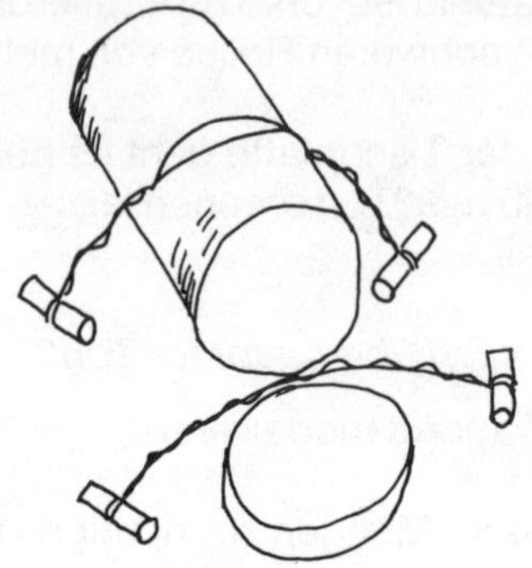

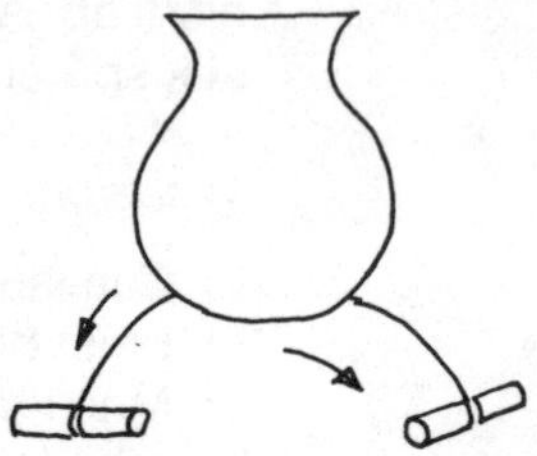

TIP:

Stellen Sie sich selbst mit zwei Knebeln und einem doppelten, gewendelten Draht eine solche Schlinge her. Bereiten Sie sich in einem kleinen Gefäß mit einer Gabel aus einem Klümpchen Ton und Wasser einen dünnen Tonbrei (Schlicker genannt), damit Sie die Schnittstellen gut miteinander verschmieren können.

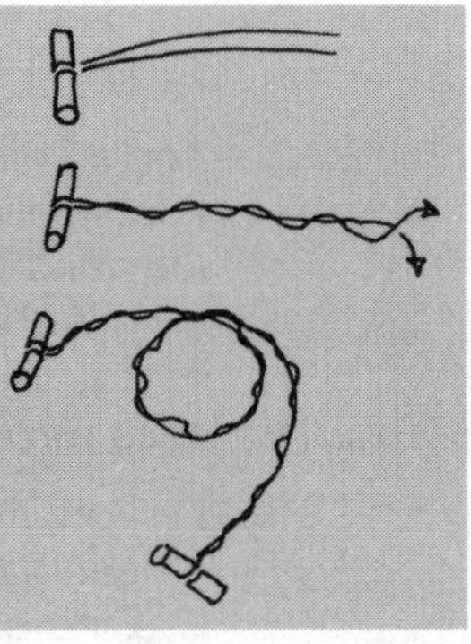

Was man wissen sollte

Beim Verarbeiten von Ton sind einige wenige Dinge zu beachten, um Enttäuschungen zu vermeiden:

□ Ton muß immer feucht gehalten werden. Bewahren Sie ihn in festverschlossenen Plastikumhüllungen an einem kühlen, feuchten Ort auf.

□ Ton muß vor dem Verarbeiten gut durchgeknetet sein.

□ Luftblasen oder Verunreinigungen (Holz, Steinchen) dürfen nicht in den Ton geraten, sonst platzt die Figur später beim Brennen.

□ Alle Formen müssen ausgehöhlt sein und eine Öffnung nach außen haben, damit die Werkstücke bei verschiedenen Ausdehnungen im Brennofen nicht platzen.

- ☐ Die Wände sollten nicht mehr als höchstens fingerdick sein.
- ☐ Ton schwindet beim Trocknen; bedenken Sie daher, daß Figuren nach dem Brennen etwas kleiner werden.
- ☐ Kopf, Arme, Beine, kurz, alle angefügten Teile, müssen sehr fest mit dem Torso verbunden werden, um zu vermeiden, daß sie beim Trocknen abfallen.
- ☐ Trocknet Ton bereits beim Bearbeiten zu schnell (in beheizten Räumen), so genügt es, Hände und Werkstück zwischendurch anzufeuchten. Während einer längeren Arbeitspause sollte die Figur mit einem feuchten Tuch umwickelt und in eine Plastiktüte gesteckt werden.
- ☐ Am besten werden Tonfiguren in „lederhartem", d.h. noch nicht „knochentrockenem" Zustand zum Brennen transportiert. Sonst besteht die Gefahr des Zerbrechens.

Die getrocknete Tonfigur kann anschließend gebrannt und glasiert werden.

Schrühbrand

Durch den ersten Brand, den sogenannten Schrühbrand (Endtemperatur 450–600°C), wird das Werkstück wasserunlöslich und bröckelt nicht mehr, ist aber noch so porös, daß es Glasur aufnehmen kann.

Glasurbrand

Wenn gewünscht, kann der „Scherben" in einem zweiten Brennvorgang, dem Glasurbrand (1040–1100°C) weiter veredelt, wasserundurchlässig und stabiler werden.
Fast jede Töpferei brennt Tonfiguren gegen eine geringe Brenngebühr. Brennen wir selber in Brennöfen in Jugend- und Freizeitheimen oder in der Schule, so empfiehlt sich, genau nach Anleitung vorzugehen und sich beraten zu lassen.

Vollplastik oder Relief?

Vor Beginn jeder plastischen Arbeit muß man sich zwischen Vollplastik und Relief entscheiden: Die Vollplastik ist rundherum gestaltet.

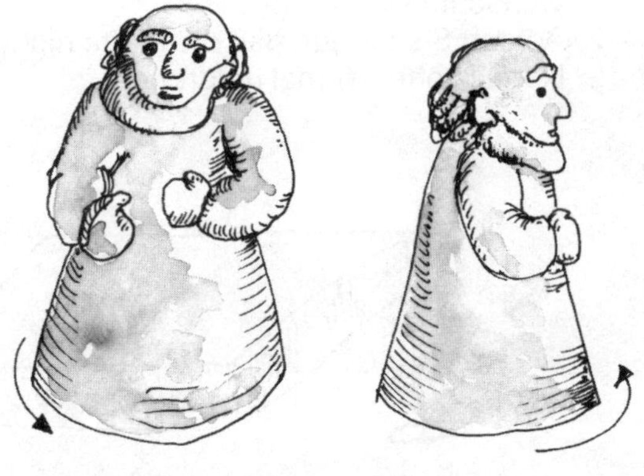

Beim Relief wird aus einer Platte mehr oder weniger tief herausgearbeitet.

Kinder und Jugendliche formen am liebsten Figuren, die man von allen Seiten betrachten kann, z.B. Noah mit seinen Tieren, Josef und seine Brüder oder auch die Figuren an der Krippe.
Es hängt von der biblischen Szene ab, welche Darstellungsform die geeignetere ist. Es könnte sein, daß eine Szene nicht allein von den handelnden Figuren geprägt ist, sondern auch von dem Raum, von der Landschaft, in der sie sich zuträgt.

Das Relief

Der Verrat des Petrus beim Hahnenschrei beispielsweise oder der beim Einzug Jesu in Jerusalem auf einen Baum gestiegene Zöllner lassen sich gut im Relief darstellen.

So gehen wir vor:

- ☐ Herstellen einer ca. 3–4 Finger dicken Tonplatte in der gewünschten Bildgröße.
  Achten Sie darauf, daß die Platte nicht am Arbeitstisch klebt. Notfalls öfter einmal umdrehen!

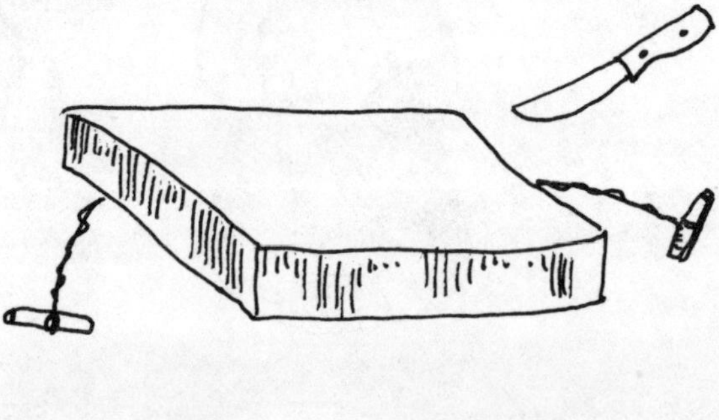

Vgl. Bildteil Nr. 23

- ☐ Reliefgestaltung besteht darin, an einzelnen Stellen aus der Platte Ton herauszuheben, also in die Tiefe zu arbeiten, und an anderen Stellen Figuren und Gegenstände plastisch herauszuarbeiten, also aufzubauen.

- ☐ Am besten wird mit einem immer gut angefeuchteten Messer gearbeitet.
- ☐ Reliefs können wie alle Tonarbeiten mit aufgesetzten Mustern und Schmuckformen verziert werden, z.B. Blätter an einem Baum, Locken auf Köpfen (vgl. S. 56).

Die Vollplastik

Um eine Vollplastik herzustellen, gibt es mehrere Möglichkeiten, die im folgenden vorgestellt werden sollen:

Aufbaukeramik

- ☐ Einen möglichst gleichmäßig dicken, langen Tonwulst formen und diesen kreisförmig mehrfach übereinandertürmen. Nahtstellen fest aneinanderdrücken und von innen und außen gut verstreichen. Schlicker (siehe TIP Seite 48) verwenden.
- ☐ Lage für Lage wird so die Figur von unten nach oben mit engeren oder weiteren Rundungen, je nach Körperteil (Hüfte, Hals), aufgebaut.
- ☐ Ergebnis ist eine Hohlfigur, der noch Kopf und Arme, jeweils extra geformt, an- bzw. aufgesetzt werden müssen.
- ☐ Abschließend werden Feinheiten modelliert, Nase, Augen, Mund, Ohren und Hände, vielleicht ein Bart und das Haar. Dabei sind ein Messer und ein zugespitztes oder vorne abgeflachtes Modellierholz hilfreich (s. Abb. S. 52).

Zum Trocknen einige Tage beiseitestellen und im Schrühbrand (siehe Seite 49) brennen lassen.

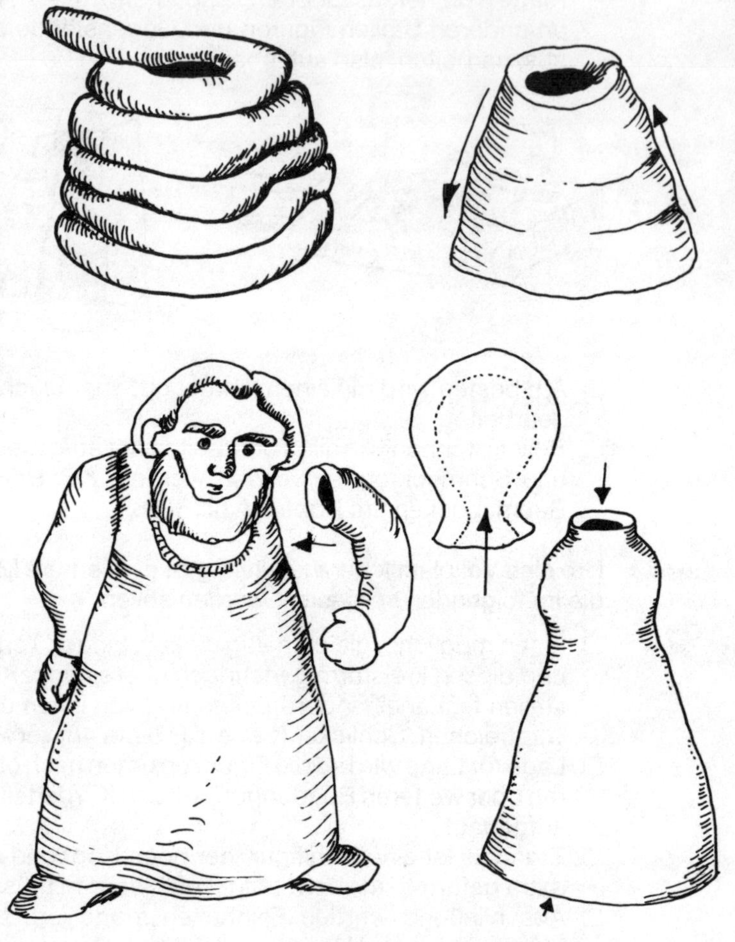

Aufbaukeramik

Falttechnik

- ☐ Mit dem Nudelholz oder einer Flasche eine fingerdicke Tonplatte auswalzen, konisch zulaufend ausschneiden.
- ☐ Platte zu einem Trichter formen. Kanten gut miteinander verbinden, Schnittstelle mit Schlicker (siehe TIP S. 48) verstreichen.
- ☐ Den gleichen Vorgang, nur mit kleineren Stücken Ton, für Oberkörper und Hals wiederholen.

□ Kopf – über einem Finger – hohl formen, Oberfläche gut glätten, dann mit Fingern oder mit dem Modellierholz Nase, Mund, Augen, Brauen herausarbeiten. Schließlich Arme und Hände ansetzen.

Falttechnik

Vgl. Bildteil Nr. 20

Zum Trocknen einige Tage beiseitestellen, dann im Schrühbrand (siehe Seite 49) brennen lassen.

Um einen Papierkern formen

- ☐ Für den Körper Zeitungspapier fest knüllen, fingerdicke Tonplatte um Papierkern formen, festdrücken.
- ☐ Kopf hohl über einem Finger formen, Ohren, Rüssel fest anketen. Beine, als hohle Röhren geformt, fest mit dem Körper verbinden. Zum Schluß Tonkügelchen als Augen aufsetzen und den Schwanz nicht vergessen.
- ☐ Damit der Körper beim Brennen nicht platzt, muß unbedingt an einer Stelle ein Abzugsloch eingeschnitten werden. Nach dem Brennen rieselt hier die weiße Zeitungsasche heraus.

Vgl. Bildteil Nr. 20

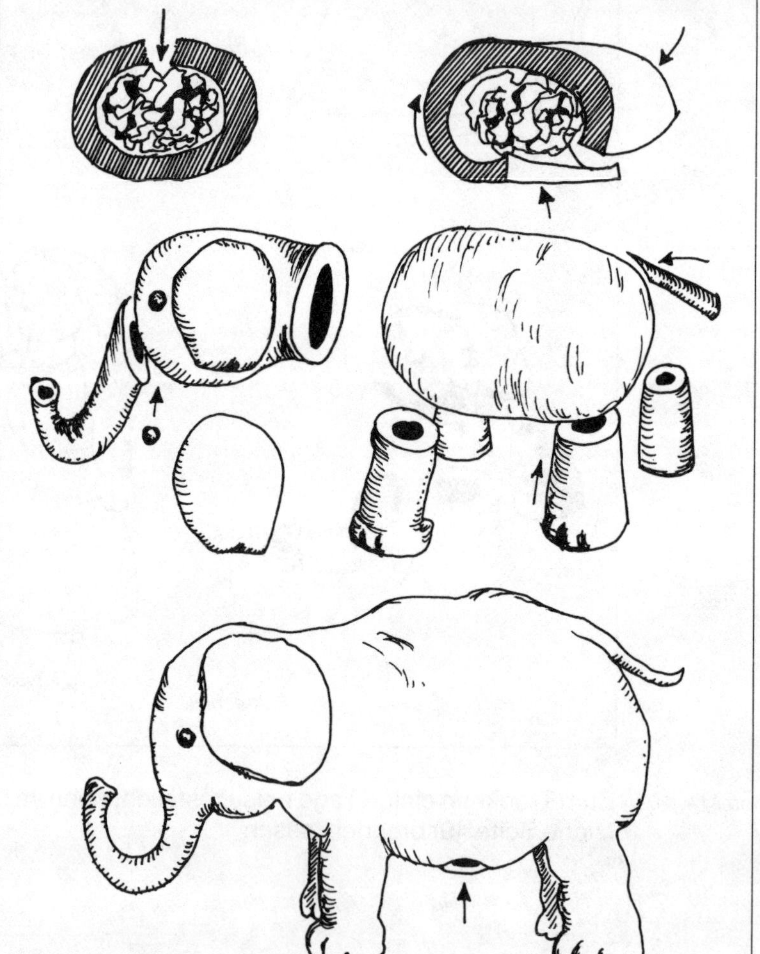

Formen um einen Papierkern

Kegel-, Kugel- und Zylinderausschnitte zu Figuren formen

- ☐ Jeweils eine Ton-Kugel (Kopf), einen Ton-Zylinder (Hals) und einen langgezogenen Ton-Kegel (Körper) mit einem spitzen Messer aushöhlen.
- ☐ Einzelteile zu ganzer Figur zusammensetzen. Dabei darauf achten, daß die Schnittstellen auch fest miteinander verbunden sind, da sonst beim Brennen Bruchgefahr besteht.
- ☐ Arme ansetzen, Kopf modellieren und weiter schmücken, z.B. durch Einkerbungen mit dem Messerrücken.

Vgl. Bildteil Nr. 21

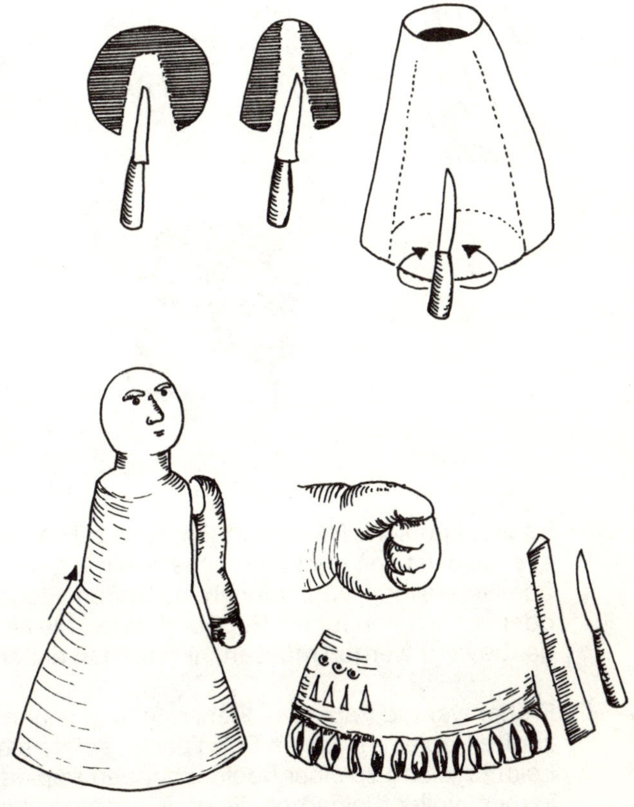

Formen aus Kegeln, Kugeln und Zylindern

Haarschmuck

Ist der Rohbau einer menschlichen Figur oder eines Tieres entstanden, so können auf einfache Weise Haar- und Barttracht angebracht werden.

- ☐ Für Haarsträhnen wird etwas Ton durch ein weitmaschiges Sieb auf den vorher mit dickem Schlicker (siehe Seite 48) vorbereiteten Kopf gedrückt und vorsichtig befestigt.
- ☐ Als Locken befestigen wir eine große Menge kleiner Tonkügelchen mit Schlicker auf dem Kopf.

Wofür sich Ton nicht eignet

Es gibt figürliche Darstellungen, für die Ton sich nicht eignet, da er schwer ist und nur Figuren bis zu einer gewissen Größe zuläßt. Zur Herstellung von überlebensgroßen Figuren und Plastiken oder von Köpfen für ein Puppentheater, die leicht auf einem Finger bewegt werden müssen, nimmt man daher Papiermaché.

Papiermaché

Früher war die Papiermachéherstellung sehr mühsam. Man zerzupfte Papier zu kleinen Schnipseln, setzte sie mit Kleister oder Leim tagelang zu einer übelriechenden Papierbreimasse an, um in mühevoller Kleinarbeit die gewünschten Figuren aufzubauen. Heute machen wir es uns mit Fertigkleister aus der Tüte sehr viel leichter: Kleister vorschriftsmäßig ansetzen, quellen lassen, Papierstreifen einkleistern, über einer Kernform modellieren, fertig!

Bei so wenig Aufwand und so viel Formvergnügen könnte man doch in einer Gruppenstunde oder im Kindergottesdienst einmal die Figuren einer biblischen Geschichte gestalten und an einem Elternabend oder in einem Familiengottesdienst ein biblisches Spiel aufführen.

Und so werden die Figuren gemacht:

Figuren über einem Holzstiel

☐ Ca. 30 cm langes Besenstielstück (oder ähnliches) in eine Flasche stecken. Taschentuchgroßes Stück Stoff mit Sägemehl oder einer anderen Füllung füllen, um den Stiel binden.

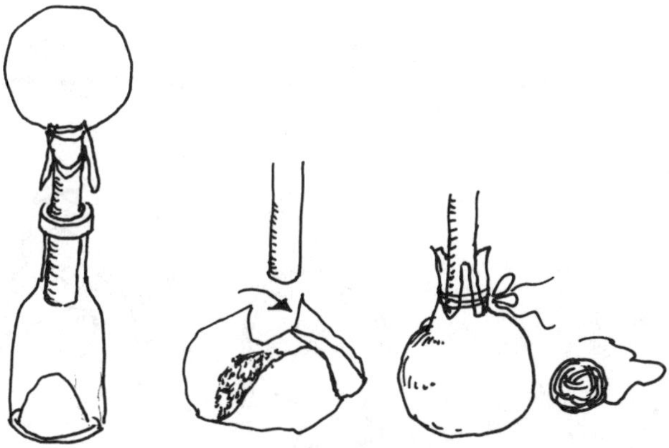

☐ Über dieser Kopfgrundform eingekleisterte Zeitungspapierstreifen mehrfach wickeln und anformen. Dabei darf nicht vergessen werden, am unteren Ende des Halses einen schmalen Wulst zu modellieren, an dem die Kleider der Handpuppen befestigt werden können.

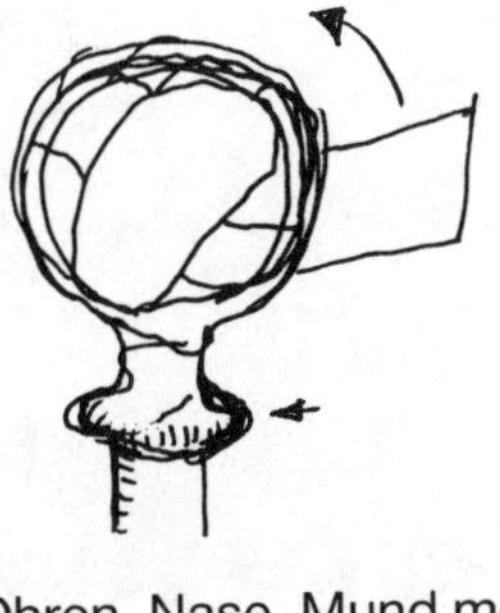

☐ Nachdem Augen, Ohren, Nase, Mund modelliert sind, zuletzt mit weißem Papier überkleben (kaschieren) und nach dem

Trocknen bemalen. Die Trockenzeit ist abhängig von Größe und Dicke der Figur und von der Raumtemperatur und kann von wenigen Stunden (Fingerpuppenköpfe) bis zu einer Woche (Riesenfiguren, siehe Seite 118) dauern.

☐ Besonders markant hervorstehende Nasen und Ohren können mit einem Stück in Form gebogenen Draht verstärkt werden.

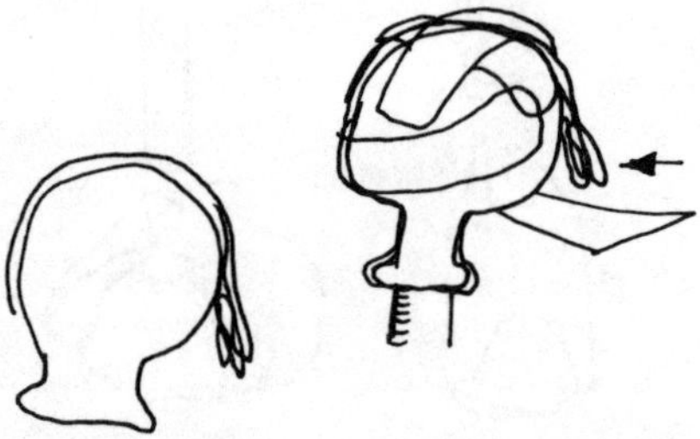

☐ Zuletzt wird der Stiel aus dem Kopf gezogen, die Füllung rieselt heraus. Das Stück Stoff kann im Kopf bleiben.

So ziehen wir die Figuren an:

- ☐ Mit einer Schablone jeweils zwei gleiche Stoffoberteile, sowie vier andersfarbige Teile für die Hände ausschneiden.

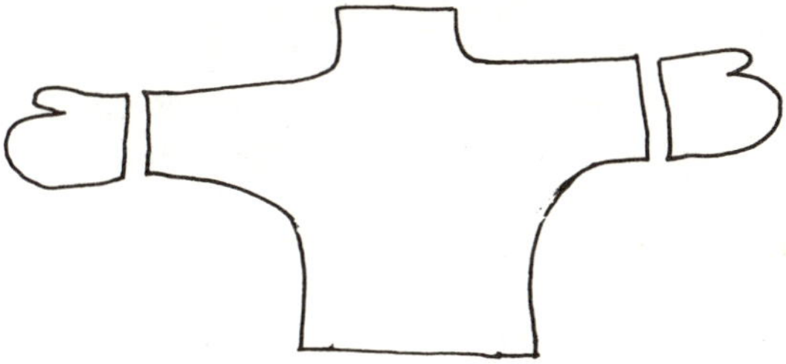

- ☐ Von links erst die Hände, dann beide großen Teile zusammennähen.

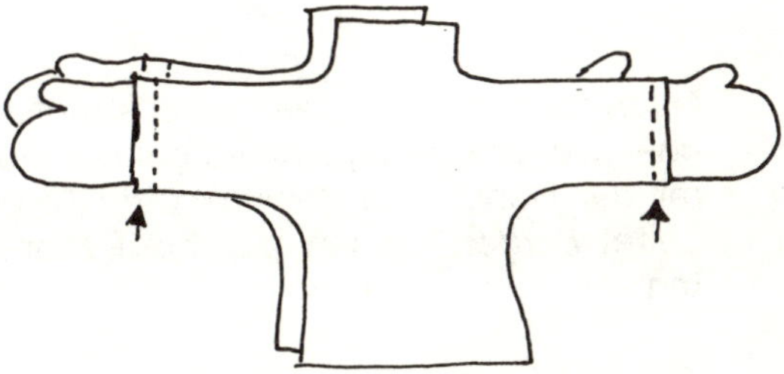

- ☐ Nicht vergessen, am Hals durch Umnähen des Halsausschnittes ein Bündchen anzubringen, durch das der Faden gezogen wird, mit dem Kopf und Gewand aneinander befestigt werden.

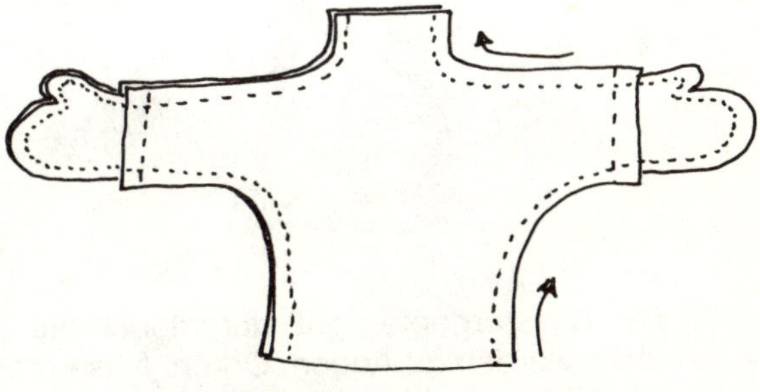

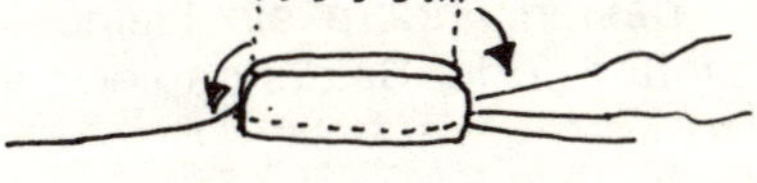

Figuren über einer Flasche

Kleinere Figuren lassen sich auch über einer Flasche gestalten.

Das wird so gemacht:

☐ Eine Flasche so mit Alufolie einhüllen, daß die Hülle jederzeit hochgezogen werden kann.

☐ Anschließend mit dem Borstenpinsel den Zeitungsstreifen mit Kleister einstreichen, mehrmals um die Flasche wickeln, festdrücken und nächste Lage kleben.

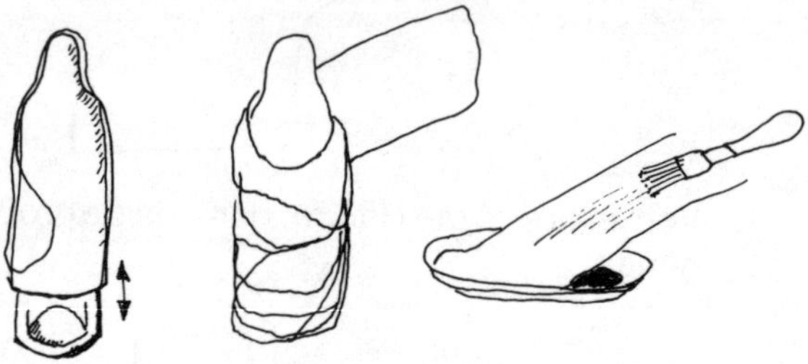

☐ Nach mehrmaligen Kleisterpapierauflagen ist die Papiermachéhülle dick genug und so gut mit Kleister durchtränkt, daß mit den Händen die gewünschten Körperformen herausgearbeitet werden können, z.B. Kopf, Kinn, Hals, Schultern, Hüften usf.

☐ Mit Kleisterpapier gut durchfeuchtete Zeitungspapierbällchen werden zu Augen, Ohren, Nase modelliert und ebenso wie Hände und Haare an die Figur gearbeitet. Das geschieht am besten, indem ein kleines Stückchen eingekleistertes Toiletten- oder Seidenpapier darübergelegt und angedrückt wird.

☐ Abschließend wird entweder die noch feuchte Figur mit weißer Makulatur bezogen, um nach dem Trocknen angemalt zu werden, oder man bezieht sie mit farbkräftigen Seidenpapieren. Nach dem Trocknen wird die Flasche entfernt.

Figuren über einem Finger

Wer ganz schnell ein kleines „Schauspielensemble" beisammenhaben will (z.B. die Gestalten der Weihnachtsgeschichte), der kann über seinem eigenen Finger Figuren aus Papiermaché formen. Schon kleine Kinder können da mitmachen. Allerdings empfiehlt es sich, statt des etwas derberen Zeitungspapiers lieber Toiletten- oder Seidenpapier zu verwenden.

Gestalten

Bei Erwachsenen, die vielleicht seit ihrer Schulzeit nicht mehr bildnerisch gestaltet haben und sich obendrein für völlig unbegabt halten, ist es wichtig, daß der erste Versuch einer gestalterischen Arbeit einigermaßen gelingt. Eine Enttäuschung würde dazu führen, daß solche Menschen sich in ihrem vermeintlichen Unvermögen bestätigt fühlen und nie wieder zu einer Gestaltungsarbeit zu bewegen sind.
In solchen Fällen muß der Gruppenleiter eine Technik wählen, bei der von vornherein sicher ist, daß nicht viel schiefgehen kann.

Collage und Montage

Hier hat die Collage ihren Platz. Vor allem die Papiercollage garantiert fast immer Erfolgserlebnisse. Sie ist einfach zu handhaben, bietet aber auch Geübteren alle Möglichkeiten zu individueller Entfaltung.

Vgl. Bildteil Nr. 19

Für die Papiercollage eignen sich alle Arten von Papierresten, besonders farbige und interessant strukturierte, die gerissen, geschnitten, gefaltet, gezupft, geschichtet, geflochten, gebauscht und zerknüllt auf einem andersfarbigen Untergrund zu einer abstrakten oder gegenständlichen Komposition zusammengefügt und aufgeklebt werden. Selbst mit einfachen Packpapieren in verschiedenen Grau- und Brauntönungen sind interessante Collagen möglich.
Sehr reizvolle leuchtkräftige Collagen können wir mit farbigem Transparent- oder Seidenpapier herstellen. Die Transparenz dieser dünnen Papiere regt zu mehrfachem, die Farbtöne mischenden Überkleben an.

Transparentpapiercollage

Mit Transparentpapier lassen sich wunderbar leuchtende Farbbilder ans Fenster zaubern – beispielsweise in der Adventszeit. Früher hinterlegte man ausgeschnittenen schwarzen Karton mit Transparentpapier. Diese Technik wenden wir nicht an. Unsere Collage erhält keinen dunklen Rahmen, sie bleibt zu den Rändern hin offen und leuchtet um so mehr.

Vgl. Bildteil Nr. 16 u. 17

So gehen wir vor:

- ☐ Auf einem großen Tisch viele verschieden große und verschieden farbige Papierstücke reißen, schneiden, schnipseln.
- ☐ Zu einer Bildidee anordnen, dabei immer ca. ½ cm oder mehr

überlappen lassen, damit die Flecken aneinandergeklebt werden können.

- ☐ Gehen Sie großzügig mit dem Überkleben um, auch Farben übereinander mischen oder verstärken durch Verdoppeln einzelner Farbkleckse!
- ☐ Die vielen Klebränder ergeben reizvolle Farbmischungen und Schatten. Sie stabilisieren und verstärken das Gebilde und haben eine ähnlich skelettartige Funktion wie die Bleifassungen mittelalterlicher Glasbilder. Damit erübrigt sich auch die zusätzliche Einrahmung unseres Leuchtbildes.
- ☐ Mit Tesastreifen ans Fenster heften.

Seidenpapiercollage

Seidenpapiercollagen eignen sich besonders für großformatige, leuchtende und in die Ferne wirkende Bilder, z.B. in Gottesdiensten.

Das alles kann man mit Seidenpapier machen:

Vgl. Bildteil Nr. 15

- ☐ Weißes auf andersfarbiges Seidenpapier kleben und damit aufhellen.
- ☐ Die gleiche Farbe mehrfach übereinandergeschichtet vertieft den Farbton.
- ☐ Verschiedene Farben übereinandergeklebt ergeben neue Farbmischungen.
- ☐ Spalten und verschieben Sie einzelne Seidenpapierflächen! Wenn der helle Untergrund hervorleuchtet, wird das Bild noch leuchtkräftiger!
- ☐ Plastische Wirkungen werden durch Unterlegen, Aufbauschen, Knüllen und Ausstopfen erzielt.

Vgl. Bildteil Nr. 8 u. 9

TIP:

Zur Verstärkung der Bildaussage kann man Collagen mit Farben, mit Feder und Tusche, mit Kreide oder Kohle figürlich überarbeiten.

Foto- und Materialmontage

Beliebt, vor allem bei Jugendlichen, sind Foto- und Materialmontagen, die sich für provozierende Darstellungen, für die Auseinandersetzung mit persönlichen und gesellschaftlichen Ängsten und Problemen eignen. Bei der Fotomontage werden Fotos aus Zeitungen und Illustrierten ausgeschnitten und in einen Zu-

sammenhang gebracht. Dabei spielen Witz, unerwartete Zuordnung und Anspielungen eine wichtige Rolle.
Mangelt es an geeigneten Abbildungen oder soll bewußt auf vorgefertigtes Ausschneidematerial verzichtet werden, so hat sich auch folgende „Malerei-Großcollage für Gruppen" bewährt:

Vgl. Bildteil Nr. 18

- ☐ Jeder Teilnehmer malt auf getöntem Papier (Ton- oder Ingrespapier) mit Deck- oder Plakafarben ein eigenes Bild. Zum Thema „Jugendliche" könnte dies z.B. ein Kopf mit wallenden Haaren sein.
- ☐ Die Bilder werden ausgeschnitten und auf einem großformatigen, auf dem Fußboden ausgebreiteten Untergrund angeordnet und solange hin- und hergeschoben, bis alle mit der Komposition einverstanden sind. Jetzt werden die Einzelteile aufgeklebt.
- ☐ Vermutlich fehlen noch verbindende Elemente, sind leere Stellen zu füllen oder weniger gelungene Einzelteile zu verbessern. Dies geschieht, indem in die Collage hineingemalt wird. Es können auch weitere Papierteile dekorativ eingefügt werden.

Diese Art der Papiercollage hat den großen Vorzug, daß sie einheitlicher und künstlerischer wirkt als jede Foto- oder Illustriertenbildercollage, denn sie zeigt deutlich den eigenen Stil der Gruppe.
Für die Materialmontage werden – je nach Thema – die verschiedensten Materialien (Abfälle, Reste, Kleinteile aus Metall, Kunststoff, Holz, usw.) auf einem festen Untergrund angeordnet und festgeklebt.

Objektmontage

Besonders Geschickte versuchen sich vielleicht einmal an einer Objektmontage, indem sie Metallteile und -reste aller Art zu einer Art Plastik zusammenlöten.

So lassen Sie montieren:

- ☐ Auf festem Papier, Pappe oder anderem Untergrund die Funde so anordnen, daß Neues, Aussagekräftiges zum Nachdenken anregt.
- ☐ Am besten sich gegenseitig in der Gruppe anregen und vor dem Montieren absprechen, ob die Wirkung noch zu steigern ist.
- ☐ Mit Alleskleber montieren, notfalls auch einige Teile löten.

Frottage Eine ungewöhnliche Gestaltungsarbeit ist die Frottage, ein Durchreibespiel mit Phantasie, zu dem sich alle Materialien eignen, deren Oberfläche ein feines, strukturiertes Relief aufweisen, z.B. Holzbretter, getrocknete Pflanzen, Wellpappestücke, Drahtgeflechte, Reißverschlüsse, Knöpfe etc. Frottagen machen vor allem in der Gruppe Spaß. Jugendliche überbieten sich an Einfällen und gestalten die phantastischsten Bilder.

So wird es gemacht:

☐ Papier auf die gemusterte Oberfläche eines Gegenstandes legen. Kleine Flächen mit weichem Bleistift oder mit Fettkreide vorsichtig durchreiben.

☐ Immer neue Abriebstellen zu den bereits vorhandenen komponieren. Vor allem flächige, pflanzliche Motive sind geeignet.

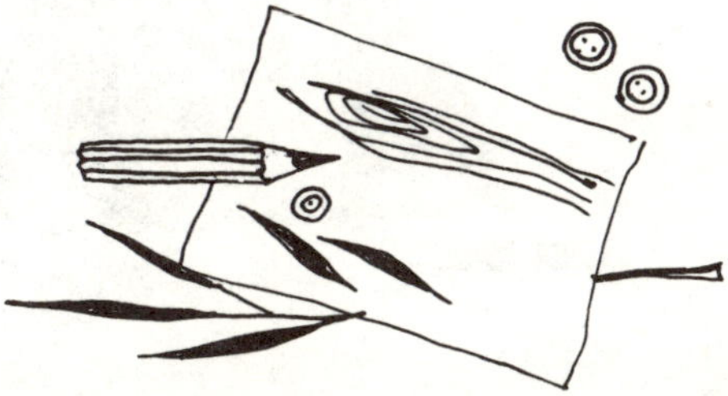

☐ Zwischenflächen mit Bleistiftzeichnung oder etwas Farbe füllen.

TIP:

Abriebstellen können auch aus- und zugeschnitten und dann zu einer Collage mitverarbeitet werden.

Vgl. Bildteil Nr. 13

Diese Technik eignet sich für etwas freiere, abstrakte Themen, z.B. die Schöpfungsgeschichte. Die Ergebnisse solcher gestalterischer Experimente sind oft erstaunlich. Viele junge Erwachsene können ihre Probleme besser handwerklich verarbeiten als mit Pinsel und Feder. Gewähren wir daher viel Freiraum!

Stoffapplikation

Eine Collageform, die mehr Feinarbeit und Sinn für Farbgestaltung verlangt, ist die Stoffapplikation. Im Unterschied zur Papiercollage geht es hier nicht um eine grobe farbenfrohe Klebearbeit, sondern um eine differenzierte phantasievolle Gestaltung. Bei Stoffapplikationen sollte man kostbare Stoffreste in fein abgestuften Farbnuancen zur Verfügung haben.

Vgl. Bildteil Nr. 6

So wird es gemacht:

- ☐ Auf einem festen Stück Pappe verschieden große, zu Feinformen geschnittene Stoffstückchen anordnen und Farbton zu Farbton passend zusammenstellen.
- ☐ Auch alle freien Flächen des Hintergrundes abdecken. Diese Flecken zuerst sorgfältig aufkleben.
- ☐ Dann alle weiteren Flicken mit Klebstoff vorsichtig befestigen. Stoffstücke dürfen auch durchlöchert werden oder überlappen.

- ☐ Mit Borten, Litzen, Wollfäden, Perlen etc. kann man zusätzliche Wirkung erzielen. Dabei aber nicht überladen! Auch hier gilt: weniger ist oft mehr!

Allen Formen der Collage ist gemeinsam, daß sie starke gruppendynamische Effekte haben: sie eignen sich zu Gruppen- und Gemeinschaftsarbeiten. Aber auch dort, wo der Einzelne allein arbeitet, findet ein reger gegenseitiger Austausch innerhalb der Gruppe statt.

Drucken

Wie oft bedauern wir, daß ein Bild, eine gelungene Zeichnung nur einmal existiert. Wir würden sie gerne verschenken, vielleicht sogar mehrmals.
Der Wunsch, Bilder zu vervielfältigen, war der Beginn aller Drucktechnik. Schon im ausgehenden Mittelalter wurden Andachtsbilder in Holz geschnitten, mit Farbe eingewalzt, abgedruckt und in hoher Auflagenzahl unter die Leute gebracht. Lange Zeit waren kolorierte Drucke die Kunst für das einfache Volk.
Drucken, vor allem die Druckstockherstellung, erscheint auf den ersten Blick zu aufwendig, um in der Jugendgruppe, auf Gemeindefreizeiten oder im Alltag der Kirchengemeinde ausprobiert zu werden. Diese Sorge ist jedoch unbegründet, sofern man Druckarten verwendet, die unkompliziert sind und doch sehr gute Ergebnisse erwarten lassen, wenn man nur ein wenig experimentiert.

Folgendes sollte vorher bedacht werden:

- ☐ Wer mit einer Gruppe drucken möchte, sollte es vorher wenigstens einmal selbst ausprobiert haben, um keine unangenehmen Überraschungen zu erleben.
- ☐ Gute Ergebnisse hängen beim Drucken auch davon ab, wie übersichtlich der Arbeitsplatz angeordnet ist, und ob man den Druckvorgang vernünftig organisiert.
- ☐ Gedruckt wird mit einem *Druckstock,* einer Art Stempel, der für jeden neuen Druck immer wieder eingefärbt wird. Der Druckstock (Druckplatte) wird mit einem *Messer* geschnitten. Dafür müssen Vorsichtsmaßregeln getroffen werden!

Die klassische Technik zur Druckplattenherstellung in der Gruppenarbeit und in der Schule ist der Linolschnitt. Man braucht dazu Linoleum, Linolschnittmesser mit verschiedenen Profilen, eine Farbwalze und Druckfarbe. In Schreibwaren- und Bastelgeschäften gibt es kleine Druck-Sets mit den obengenannten Zubehörteilen zu kaufen.

Entwurf

Bevor wir mit dem Linoleum arbeiten, fertigen wir einen Filzstiftentwurf (siehe S. 33) im Maßstab 1:1 an, den wir später auf die Linoleum-Platte übertragen.
Beim Linolschnitt handelt es sich um einen Hochdruck, d.h. die nicht weggeschnittenen, hochliegenden Flächen werden eingefärbt und gedruckt. Dies müssen wir bei unserem Entwurf im Blick haben, damit die Verteilung dunkler und heller Flächen ausgewogen ist.

Achtung: Seitenverkehrung!

Eine typische Eigenart des Druckens ist die Seitenverkehrung, die beim Übertragen des Entwurfs auf die Linoleum-Platte bedacht werden muß. Bei der spiegelbildlichen Übertragung des Entwurfs auf die Platte geht man am besten so vor:

- ☐ Alle Umrisse und Linien des Entwurfes auf ein Pergamentpapier durchzeichnen.

- ☐ Dieses Blatt umdrehen, die Linien der Rückseite nachzeichnen. Dies geschieht am besten, indem das Pergamentpapier gegen die Fensterscheibe gehalten wird.

☐ Der nun vorliegende seitenverkehrte „Umdruck" wird mit Hilfe eines Kohlepapiers auf die Druckplatte durchgepaust.

Schneiden

Ist der Entwurf auf die Linoleum-Platte übertragen, beginnen wir mit dem Schneiden.
Linolschnittmesser mit V- und U-Profil sind für den Linienschnitt geeignet, Messer mit breitem Ovalprofil dienen zum Herausheben größerer Flächen.

Vorsicht beim Umgang mit Linolschnittmessern!

Linolschneiden ist ungefährlich, wenn von Anfang an die richtige Handhabung des Messers beigebracht und strikt eingehalten wird.

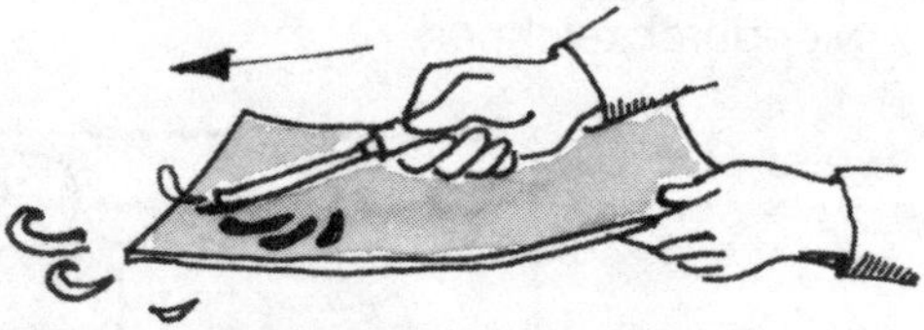

☐ Die Hand mit dem Messer muß immer vom Körper weg geführt werden.
☐ Die freie zweite Hand hält die Platte eng am Körper.
☐ Nie darf die zweite Hand die Platte vor dem schneidenden Messer halten! Die Gefahr, mit dem Messer auszurutschen, ist zu groß.
☐ Die Platte wird schrittweise entsprechend dem Schneidevorgang gedreht. Nicht die messerführende Hand beim Schneiden dem Körper zudrehen!
☐ Zeigen Sie die richtige Handhaltung mehrmals!
☐ Scheuen Sie notfalls nicht davor zurück, das Weiterschneiden zu verbieten, wenn diese Vorsichtsmaßregeln mißachtet werden.

Beim Schneiden der Platte sollte jeweils nur so tief geschnitten werden, daß das Jutegewebe nicht verletzt wird, sonst bricht die Platte später leicht.

Vorzeichnen auf die Platte

Herausschneiden einiger Linien oder

Herausschneiden ganzer Flächen

Drucken

Endlich ist es soweit! Der Entwurf ist übertragen, die Platte geschnitten, nun soll gedruckt werden!

Was wird gebraucht?

- ☐ Saugfähiges Papier, weiß oder getönt.
- ☐ Druckfarbe, entweder wasserlösliche Schuldruckfarbe in Tuben oder billige Offsetdruckfarbenreste (Geschenk einer Druckerei).
- ☐ Glasplatte, Farbwalze, Verdünnungs- bzw. Lösungsmittel, alte Lappen, Zeitungspapier als Unterlage und zum Einlegen der fertigen Drucke.

Und so könnte der Arbeitstisch aussehen:

Von links nach rechts arbeiten

Der Arbeitstisch muß übersichtlich und so angeordnet sein, daß der Druckvorgang von links nach rechts abläuft. Nur so kann zuviel Verschmutzung an Drucken und Leerlauf beim Arbeiten vermieden werden. Das gilt umso mehr, je mehr Personen gleichzeitig arbeiten.

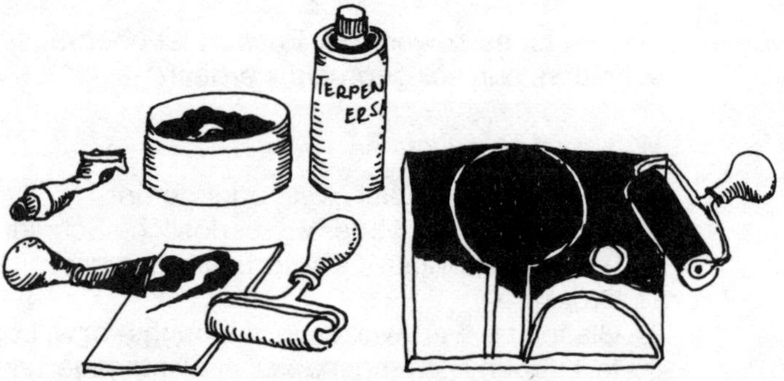

So wird gedruckt:

- ☐ Farbe mit Spachtel auf Glasplatte aufbringen, Druckwalze gut einfärben.
- ☐ Druckplatte sorgfältig mit Farbe einwalzen, dabei ist darauf zu achten, daß die Farbe gleichmäßig und lückenlos aufgetragen ist.
- ☐ Papier auflegen.
- ☐ Entweder – falls Druckpresse vorhanden – durchlaufen lassen, oder leicht mit dem Handballen, einem Eßlöffel oder einer sauberen Druckwalze über das Papier reiben.

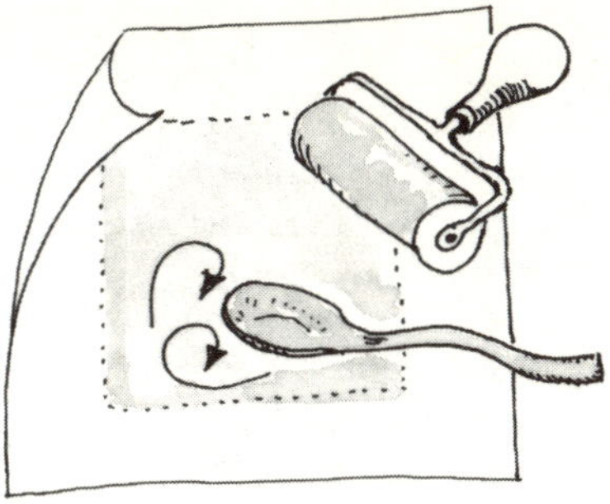

Nun kommt der spannendste Moment des ganzen Druckvorganges:

- ☐ Vorsichtiges Abheben des Papierbogens von der Druckplatte.
- ☐ Überprüfen, ob an allen Stellen genug Farbe aufgetragen war, sonst dort nochmals Farbe nachwalzen.
- ☐ Nach dem ersten Probeabzug ist Gelegenheit, Korrekturen an der Druckplatte vorzunehmen, z.B. zu dünne Tiefenlinien nachzuschneiden oder eine nichtdruckende Fläche zu vergrößern.
- ☐ Ist die Druckplatte vervollständigt, so kann der Auflagendruck beginnen, d.h. die Anzahl der benötigten Abzüge wird nacheinander gedruckt.
- ☐ Drucke jeweils mit einem zwischengelegten Blatt Zeitungspapier stapeln, bis das Drucken beendet ist.
- ☐ Nochmals die Zwischenlagen Zeitungspapier wechseln, um ein Zusammenkleben der Drucke zu vermeiden.

TIP:

- Ist die Offsetdruckfarbe zu fest, mit wenigen Tropfen Dieselöl (für wenige Pfennige bei einer Tankstelle in einer Flasche abgezapft) und mit Hilfe eines Spachtels oder Messers geschmeidiger machen.
- Um fertige Drucke nicht mit Farbfingern zu verschmutzen, entweder Handschuhe tragen oder sich sog. Reiter bzw. Greifer aus Papier machen, mit denen – wie mit einer Zange – der saubere Bogen gefaßt wird.
- Saugen Sie gleich nach dem Drucken überschüssige Farbe mit einem Stück Zeitungspapier vom Druckbogen auf, so trocknet der Druck schneller und verklebt beim Einlegen zwischen Zeitungspapiere nicht so leicht. Wechseln Sie anfangs die Zeitungspapierlagen öfter.
- Offenes Trocknen einzelner Blätter auf dem Boden ist weniger günstig, da die Bogen wellig werden.

Andere Druckarten

Im folgenden sollen noch einige Druckarten vorgestellt werden, die sich vor allem für Kinder- und Jugendgruppen eignen.

Der farbige Wachsmalkreidendruck

Der farbige Wachsmalkreidendruck hat den Vorteil, daß man dazu keine Schneidemesser benötigt. Das einfache Prinzip des Wachsmalkreidendruckes besteht darin, daß eine möglichst dick aufgetragene Wachsfarbfläche durch Terpentinersatz gelöst und von saugfähigem Papier aufgenommen wird. Ein weiterer Vorteil dieser Druckart ist, daß kein Umzeichnen nötig ist. Als direkter Abzug von der bemalten Platte entsteht ein seitenverkehrter Druck.

So einfach wird es gemacht:

☐ Das Motiv möglichst deckend und dick mit Wachsmalkreiden auf die Linolplatte auftragen.

☐ Die bemalte Fläche mit saugfähigem Papier überdecken und mit einem terpentinersatzgetränkten Lappen gut anfeuchten. Vorsicht: Wegen der Terpentindämpfe unbedingt bei offenem Fenster arbeiten!

☐ Mit der Rundung eines Eßlöffels vorsichtig, aber gleichmäßig die ganze Fläche gut abreiben. Stellen, die nicht bearbeitet werden, drucken nicht!

TIP:

Für jeden Abzug muß neu eingefärbt werden. Sollte von einem besonders schönen Motiv eine höhere Auflage gedruckt werden, so empfiehlt sich, alle Flächen mit einem feinen Linienschnitt einzugrenzen, damit beim Nachfärben die Formen und Umrisse nicht verlorengehen (s. Abb. S. 76).

Der Pappenhochdruck

Für großflächige Darstellungen eignet sich der Pappenhochdruck. Man braucht dazu mehrere Pappen von gleicher Stärke, z.B. alte Zeichenblockdeckel.

So stellt man Pappenhochdruckplatten her:

☐ Verschiedene Figuren und Formen auf Pappe vorzeichnen, ausschneiden, auf der Grundplatte anordnen und festkleben.

Vgl. Bildteil Nr. 35

☐ Nach dem Trocknen mit Farbe einwalzen und drucken.

TIP:

Für Farbdrucke mehrere Druckplatten – pro Farbe eine – herstellen und auf einen Bogen nacheinander alle Platten exakt übereinander drucken (vgl. Mehrfarbendruck S. 155).

Der Materialdruck

Experimentierfreudige Gruppen versuchen sich vielleicht auch einmal an einem Materialdruck. Ziel dieser Drucktechnik ist es, aus verschiedenen Materialabfällen ein Bild zu gestalten und es zu vervielfältigen. Dabei kommt es vor allem auf Phantasie an. Man muß es wagen, Ungewöhnliches einander zuzuordnen und reizvolle Musterungen auszunützen. Wichtig für einen gleichmäßigen Druck ist, daß alle Materialien die gleiche Höhe haben.

So wird es gemacht:

☐ Verschieden strukturierte Materialstücke zuschneiden, anordnen und mit Alleskleber auf eine feste Pappe kleben.

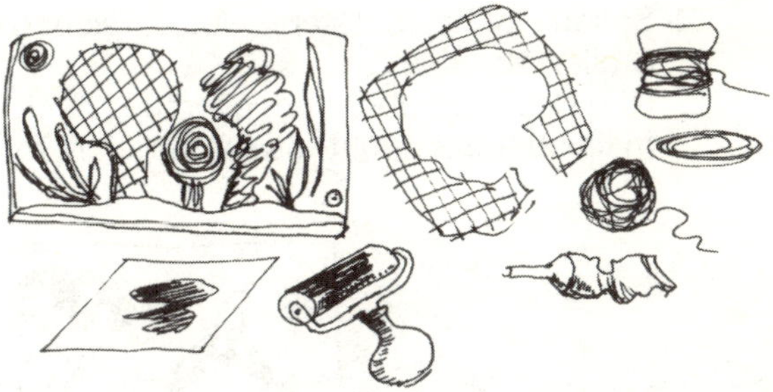

☐ Trocknen lassen, vorsichtig mit Farbe einwalzen, Papier auflegen und mit der Hand, einem Löffel oder mit einer sauberen Walze andrücken.

Die Monotypie Ein Zwitter zwischen Zeichnen und Drucken ist die Monotypie oder der Einmaldruck, weil sich damit nur Einzeldrucke (Unikate) herstellen lassen. Monotypien sind seitenverkehrt!

So gehen wir vor:

- ☐ Glasplatte dünn mit Druckfarbe einwalzen, Papier vorsichtig darüber legen und mit einem Stift auf das Papier zeichnen. Doch Vorsicht: die Hand darf nicht aufliegen!

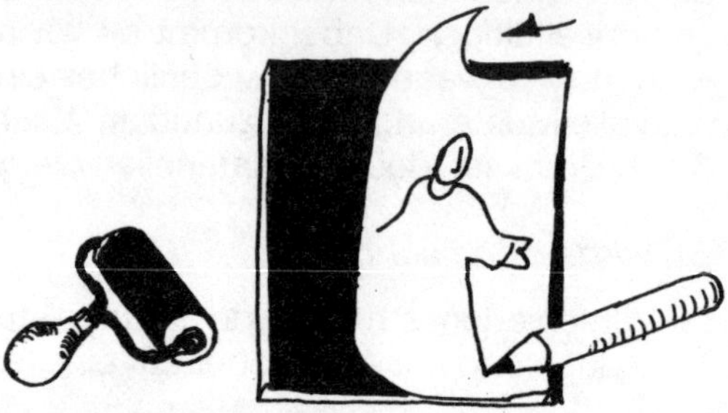

- ☐ Sollen Flächen entstehen, so vorsichtig mit dem Finger diese Stellen abreiben.
- ☐ Nun das Blatt abheben, eventuell nach dem Trocknen nochmals überarbeiten. Diesmal vielleicht mit einer neuen Farbe!

TIP:

Mit etwas Übung kann man diese Technik auch sehr raffiniert zu Negativabzügen nutzen, indem nach der Monotypie ein neues Blatt auf die Glasplatte gelegt und mit dem Handballen kräftig abgerieben wird.

SEMESTER-ERÖFFNUNGS-GOTTESDIENST
SCHULGOTTESDIENST
ABFJKMPRVWXYZ
JUGENDGRUPPE
WEIHNACHTSBAZAR 198
AM SONNTAG, 6. 12. 1987 UM 16^{00} UHR
VERKAUF VON WEIHNACHTSSCHMUCK UND -GESCHENKEN BEI KAFFEE, TEE UND KUCHEN
WIR LADEN EIN ZUM SOMMERFEST
ZUR VORTRAGSREIHE
HIMMELFAHRTSKIRCHE
MITTWOCH, 2. OKTOBER
JUGENDKREIS
GEMEINDE
ÖKUMENE
GOTTESDIENSTE
Carl Orff
Die Weihnachtsgeschichte
Musik: Gunild Keetman
Auferstehungsgottesdienst
Ostersonntag
5^{30} Uhr
Denn von ihm und durch ihn und zu ihm sind alle Dinge. ihm sei ehre in ewigkeit! amen
Römer 11,36
SENIOREN KREIS

Schreiben

Neben den klassischen bildnerischen Techniken Zeichnen, Malen, Drucken, Formen und Gestalten wird oft das Schreiben vergessen. Zu Unrecht sicher, denn mit einfachen Schriften zu experimentieren macht Spaß.
Einen biblischen Text, einen wichtigen Vers, einen Psalm auf schönem Papier und in einer besonderen Schrift zu gestalten, ist nicht nur ein ästhetisches Vergnügen, sondern prägt auch die Worte tief und unverlierbar in unser Gedächtnis. Darüber hinaus kann man mit schön geschriebenen Spruchkarten oder Textblättern anderen Gemeindemitgliedern zu besonderen Anlässen Freude bereiten.
Mitunter bietet es sich auch an, eine gut gelungene Illustration zu einer biblischen Geschichte mit einem kurzen Text in Schmuckschrift zu ergänzen, wobei Illustration und Text eine Einheit bilden sollten.
Folgende Schriften können auch Ungeübte gut schreiben:

Einfache Blockschrift

Schablonenschrift

Geschnittene Blockschrift

Schattenschrift

Einfache Blockschrift

Die gleichhohen, doch verschieden breiten Buchstaben der klassischen Römischen Antiqua Capitalis sind aus drei verschiedenen Vierecken entwickelt, dem halben Quadrat, dem ¾-Quadrat und dem Vollquadrat.

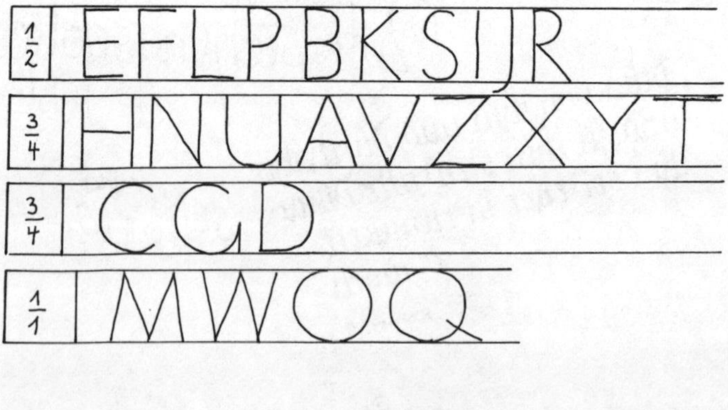

Darauf muß man achten:

- ☐ Alle waagerechten Mittellinien müssen auf einer Linie liegen.
- ☐ Der Buchstabenabstand bleibt immer gleich, ebenso der Abstand zwischen einzelnen Wörtern.

Für erste Schreibversuche eignet sich am besten kariertes Papier.

DEIN WORT
IST MEINES FUSSES LEUCHTE
UND EIN LICHT
AUF MEINEM WEGE.

2. Petr. 1, 19

DIES IST DER TAG
DEN DER HERR MACHT
LASSET UNS FREUEN
UND FRÖHLICH DARINNEN SEIN.

118. Psalm

Geschnittene Blockschrift

Sind Sie in Eile und wollen schnell einen kurzen, in den Blick fallenden Plakattext entwerfen, so sind ausgeschnittene Blockbuchstaben sehr zu empfehlen. Kinder und Jugendliche helfen gerne, denn es macht Spaß, Buchstaben herzustellen.

So wird es gemacht:

- ☐ So viele gleichgroße Quadrate, ¾-Quadrate und halbe Quadrate vorbereiten, wie Buchstaben geschnitten werden sollen. Blockbuchstaben werden, wie die Antiqua Capitalis (vgl. Seite 80) aus diesen Grundformen entwickelt. Diesmal nur nicht linear, sondern flächig.

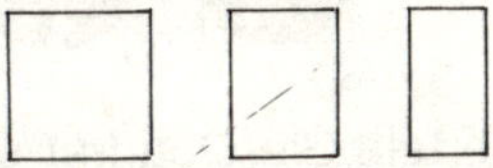

- ☐ Buchstaben leicht vorzeichnen und ausschneiden.

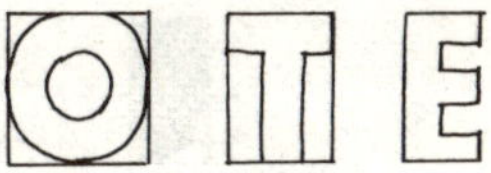

- ☐ Es ist darauf zu achten, daß jeweils die gleiche Buchstabenbreite eingehalten wird, und daß alle Balken gleich breit sind.
- ☐ Geschnittene Buchstaben in gleichmäßigen, errechneten Abständen, zu Worten geordnet, aufkleben; Wortabstände etwa verdoppeln.

Schablonenschrift

Respektlos wird diese Schrift auch „Kistenschrift“ genannt, sind doch viele Überseekisten und Container mit diesen klaren Schriftzeichen beschriftet. Die Grundformen der Schablonenschrift sind aus einem Quadrat, einem einbeschriebenen Kreis und verschiedenen Schnitten zu entwickeln. Ihre Formen wirken klar, fast reduziert und sind geeignet, mit Schablonen geschrieben zu werden.

So wird es gemacht:

- ☐ Sie beginnen mit dem Halbieren eines Quadrates. Die gewonnenen Hälften bilden – leicht auseinandergeschoben – ein H, jeder Teil für sich genommen ein I.

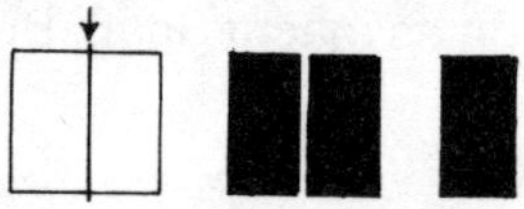

- ☐ Auf die gleiche Weise teilen Sie den Kreis. Leicht auseinandergeschoben wird er zum O.

- ☐ Nun vierteln Sie Quadrat und Kreis. Neu zusammengesetzt werden sie zu U und J.

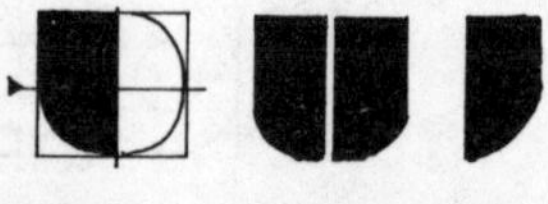

- ☐ Schlagen Sie über der bisher verwendeten Mittellinie nebeneinander zwei kleine Kreise, so sind alle Bestandteile für das B und das P gewonnen.

- ☐ Mit den Zwickelausschnitten ergeben sich auch alle Teile, die für E, F, T, C, G und L gebraucht werden, sowie für die Buchstaben S, R und K.

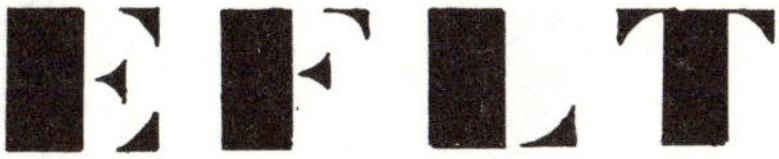

- ☐ Für die noch fehlenden Buchstaben A, N, M, W, X, Y und Z brauchen Sie eine Rautenform und ein Dreieck. Beide Formen werden so gewonnen:
  Zwei Verbindungslinien jeweils von der Ecke des Quadrates zu dem Schnittpunkt zwischen Mittellinie und Quadrat ziehen und die entstandenen Teile zusammensetzen.

Schattenschrift

Mehrere interessante Schriftvarianten ergeben sich aus der Verbindung der flächig geschriebenen Blockschrift mit der einfachen Kavaliersperspektive. Diese Schrift hat eine starke Tiefenwirkung, die je nach dem Winkel der angetragenen Perspektive und nach der Dunkelheit der Schraffur abgeschwächt oder verstärkt werden kann.

So wird es gemacht:

- ☐ In etwas verbreitertem Abstand zuerst den Buchstaben flächig zeichnen.
- ☐ Tiefenlinien in immer gleichem Winkel von allen Kanten parallel in die Tiefe führen.
- ☐ Wie bei der Kavaliersperspektive die Verkürzung in gleichem Abstand mit waagerechten und senkrechten Geraden beenden.

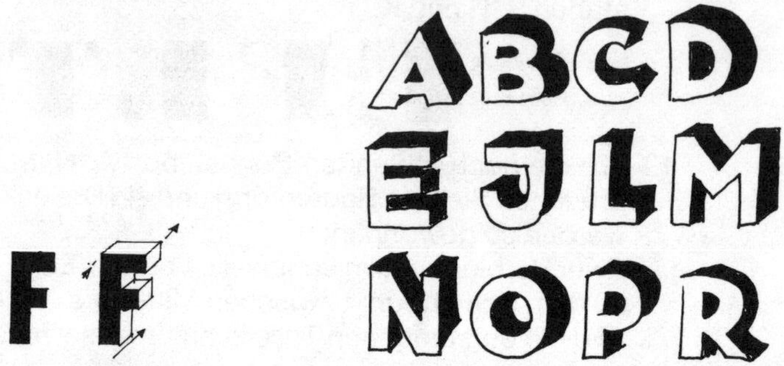

Offene Schattenschrift

- ☐ Raffinierte Variante, und besonders für experimentierfreudige Jugendliche in der Jugendgruppe geeignet, ist die „offene Schattenschrift", deren eine Seite offengelassen wird und vom Auge ergänzt werden muß.

hantasieschriften

Sicher ist es einfacher, in einen Laden zu gehen, sich Schriften auszusuchen und sie dann, etwa nach dem Letraset-System zu montieren. Vom Preis einmal abgesehen, macht es aber sicher nicht halb so viel Spaß, wie Schriften selber zu erfinden, zum Beispiel für das Gemeindeblatt, den Schaukasten, für Plakate und Handzettel in der Gemeinde.

Einige Vorschläge:

Pinselschrift

☐ Die freischwingende, mal üppig breite, dann wieder schmale, zierliche Pinselschrift. Sie ist nur abhängig vom Temperament des Schreibers und der Breite des verwendeten Pinsels.

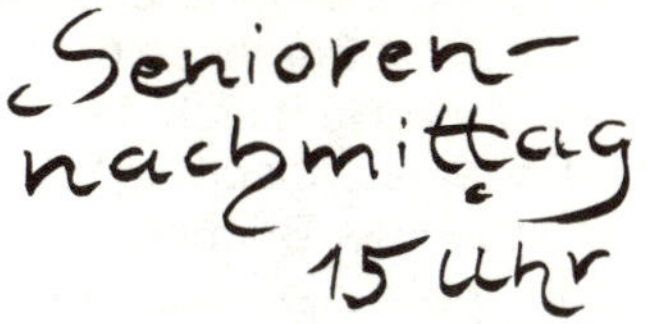

Zerschnittene Blockbuchstabenschrift

☐ Die zerschnittene Blockbuchstabenschrift entsteht so: Ausgeschnittene Blockbuchstaben zu Worten ordnen, Lineal darüberlegen, Schnitte mit einem Bleistift vorzeichnen, zerschneiden, mit eingeschobenen Lücken aufkleben.

Plastische Schrift

☐ Diese eigentümlich gerundete und durch einseitige Schattenschraffuren plastische Phantasieschrift schreiben Jugendliche gerne.

Umrißschrift

☐ Die einfachste Schrift, die sich für alle Gelegenheiten eignet und keine zu hohen Anforderungen an den Schreiber stellt, ist die Umrißschrift. Alle Freiheiten der Buchstaben- und Abstandgestaltung sind gestattet. Besonders reizvoll ist es z.B., die Buchstaben leicht hintereinanderzustellen.

Gotische Urkundenschrift

Tüchtige Schreiber wagen sich vielleicht auch einmal an die gotische Urkundenschrift. Man braucht dazu Tusche, Federhalter und Schrägschriftfedern, die es in verschiedenen Breiten in Schreibwarengeschäften gibt. Die gotische Urkundenschrift wird man nur bei besonderen Anlässen benützen; entsprechend kostbar sollte das Papier sein.

Mit einiger Übung läßt sich diese Schrift durchaus erlernen. Man setzt die Feder leicht schräg, aber scharfkantig an und schreibt die Unterlängen der Buchstaben mit Schwung – je nach Temperament und Phantasie – aus. Dies gelingt nicht in einem Zug. Vielmehr setzt man spitz auslaufend – bei leicht gedrehter Feder – ab, um neu von der anderen Seite beginnend dem zuerst geschriebenen Bogenteil entgegenzuschreiben.

Kein Wunder, daß diese Schrift mittelalterlicher Klosterschreibstuben bis heute viele Anhänger hat. Sie ist – etwas Übung vorausgesetzt – eine sehr kraftvolle, lebendige und individuelle Schrift.

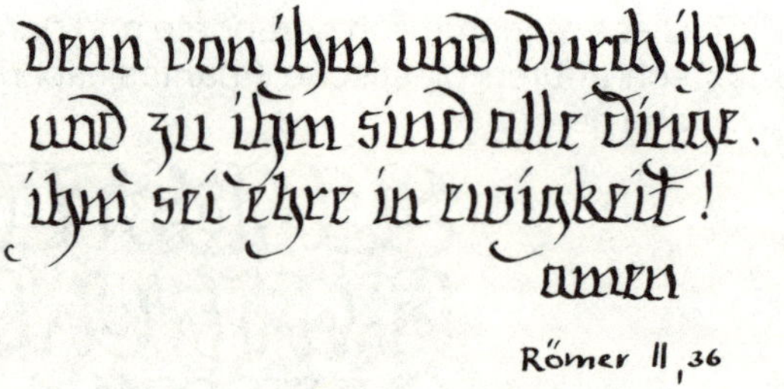

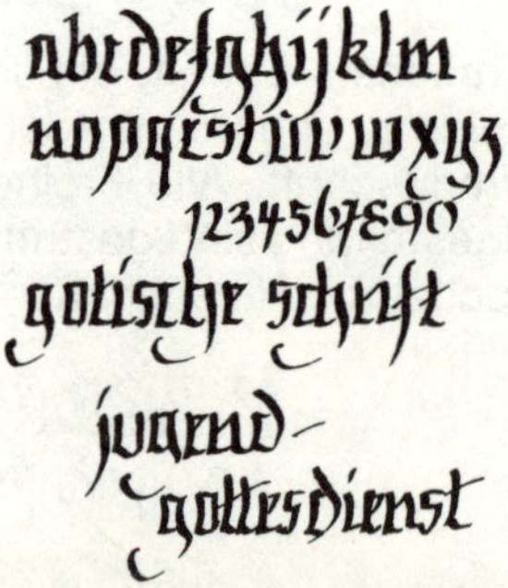

GEMEINDELEBEN GESTALTEN

Anlässe finden sich mehr als genug

In einer lebendigen Kirchengemeinde gibt es viele Gelegenheiten zu bildnerischem Gestalten.

Bildwände

In Familien-, Jugend- und Schulgottesdiensten werden immer häufiger auch bildnerische Elemente mit einbezogen: Bildwände werden aufgestellt, Wandflächen gestaltet und Zubehör für Anspiele oder Bibliodramen erdacht und in Szene gesetzt.

Dekorationen

Gemeindefeste im Freien oder in geschlossenen Räumen brauchen Dekorationen.

Kulissen

Zu Krippen- bzw. Weihnachtsspielen oder Theateraufführungen müssen Kulissen gemalt, Figuren, Köpfe, Masken, Puppen geformt und gestaltet werden.

Vielleicht beteiligt sich die kirchliche Jugend mit einem Stand oder einem Festwagen an einem örtlichen Fest, um sich und ihre Aktivitäten darzustellen. Da heißt es mit Phantasie, Kreativität und Geschick ans Werk zu gehen.

Handzettel, Plakate, Programme

Zu allen Veranstaltungen muß mit Handzetteln, Plakaten und Programmen eingeladen werden.

Die Mitarbeiter von Jugendgruppen und Kindergottesdienst führen in regelmäßigen Abständen kleine Werbekampagnen durch.

Schaukasten, Gemeindeblatt

Der Schaukasten sollte wöchentlich neu gestaltet werden, ein Gemeindeblatt wenigstens einmal im Monat die Gemeindemitglieder informieren.

Kreative und phantasievolle kirchliche Mitarbeiter werden alle diese Anlässe nützen, möglichst viele Gemeindemitglieder an der Vorbereitung und Organisation zu beteiligen.

Bildwände, Wandflächen, Kulissen

Ein besonderer Reiz liegt im raumgreifenden Bemalen von Wänden und großen Bildflächen. Das ist verständlich, denn die Bewegungsfreiheit ist größer, man kann schwungvoller und großzügiger zu Werke gehen. Außerdem haben dekorativ-monumentale Wandbilder eine gute Fernwirkung und eignen sich von daher zur Dekoration in großen Räumen.

Leider begegnen uns in Schul- und Jugendgottesdiensten häufig mißglückte Versuche bildnerischer Ausgestaltung. Vielfach sind die Bilder zu klein – sowohl im Format als auch in den dargestellten Inhalten – und vom Material her ungeeignet, so daß sie auf die große Distanz eines Kirchenraumes wenig überzeugend wirken. Visuelle Gottesdienstgestaltung sollte, das lehren uns die großen „Bildprogramme" mittelalterlicher Kirchen, großflächig, prägnant in der Auswahl des Wesentlichen und einfach, aber dekorativ in der Farbgestaltung sein.

Material für den Hintergrund

Zunächst ist es wichtig, für die Malfläche das richtige Material zu beschaffen. Folgende Materialien haben sich für Wandbilder und Dekorationen bewährt:

Zeitungspapier

Ganz einfache normale Zeitungspapierbogen werden mit Tapetenkleister und Borstenpinsel ca. 2–3 cm überlappend aneinandergeklebt, bis die gewünschte Größe erreicht ist. Die waagerecht und senkrecht verlaufenden Klebestellen versteifen das an sich sehr leichte Material. Abgesehen von den geringen Kosten hat bedrucktes Zeitungspapier einen weiteren unschätzbaren Vorteil: Sein Hellgrau kann als Hintergrund dienen. Das erspart viel Farbe und Zeit.

Zusammengeklebte Makulaturbahnen (unbedrucktes Zeitungspapier), als Rollenrest bei allen Zeitungsdruckereien zu bekommen, hat nur den Nachteil, daß es, bahnenweise zusammengeklebt, leicht wellt. Sonst ist Makulatur aber ein billiges, für viele Zwecke gut geeignetes Material, das immer vorrätig sein sollte.

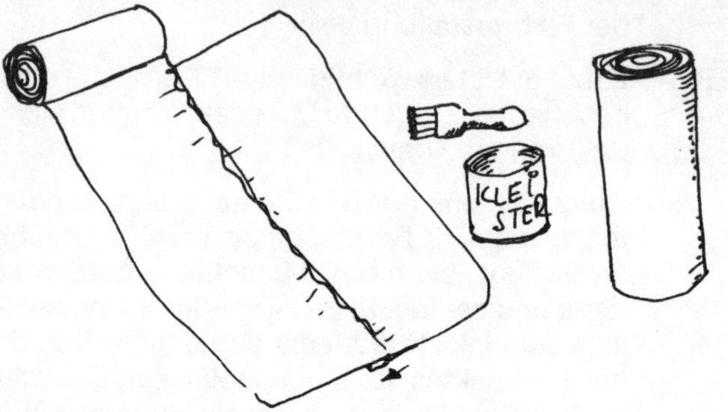

Packpapier

Packpapier ist derber und strapazierfähiger als Zeitungspapier. Mit Dispersionsfarben grundiert, wird es im Theater sogar als Untergrund für Bühnendekorationen verwendet.
Packpapier gibt es in verschiedenen Stärken, in Bogen und Rollen. Die verschiedenen Braun- und Grautöne können als Hintergrundfarbe einbezogen werden.
Für größere Flächen wird Packpapier auf der Rückseite mit breitem Packband zusammengeklebt. Dabei ist darauf zu achten, daß die eine Bahn ca. 1 cm überlappt (vgl. TIP S. 99).

Wellpappe

Graue Wellpappe eignet sich hervorragend als Untergrund für großformatige Bildwände, ist aber auch, will man die Wände schonen, der ideale Untergrund für Ausstellungen. Wellpappe

gibt es in Rollen von ca. 75 und 100 cm in Farbengeschäften und in Industriebetrieben, wo sie als Verpackungsmaterial benützt wird, zu kaufen.
Sie ist beidseitig verwendbar. Die gerippte Seite ist deshalb ein interessanter Hintergrund für Bilder, weil das Licht auf den Rippen unterschiedliche Schatten wirft. Diese Seite macht einen lebhaften, interessant strukturierten Eindruck, hat jedoch einen Nachteil: bei unvorsichtigem Anheften der Bilder können leicht Rippen gedrückt werden, und es entstehen unschöne Druckstellen (vgl. S. 102).

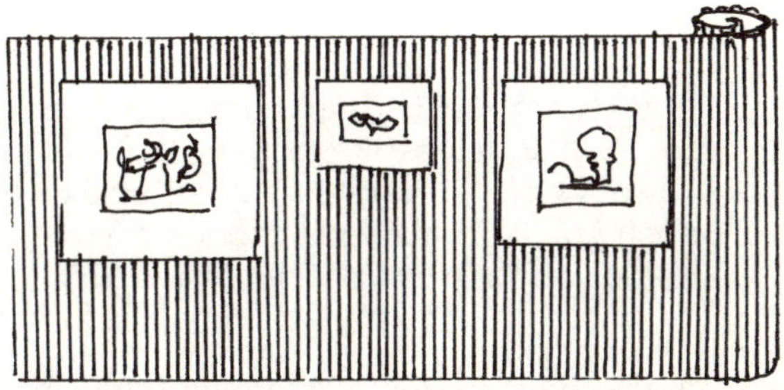

Die glatte Seite der Wellpappe ist ein idealer Malgrund für alle Arten von Farben.

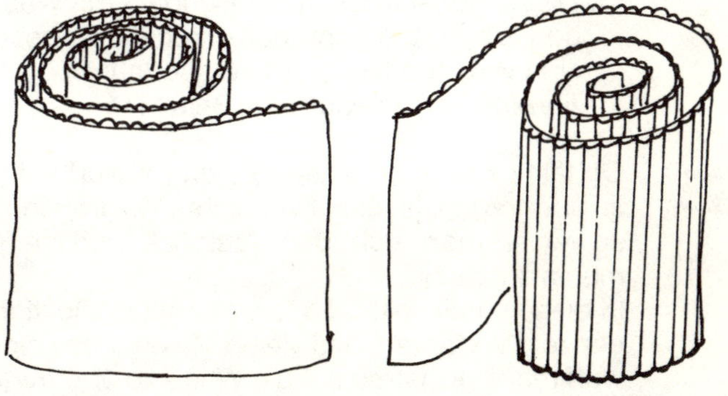

Tapete Tapetenreste sind vielgenutztes Material in Kindergärten, Schulen und Gemeinden. Sie sind oft sehr körnig und verbrauchen viel Farbe, sind aber meist von guter Qualität und lassen sich wie Packpapier zu großen Flächen zusammenkleben.

Farbiger Hintergrundkarton

Qualitativ ist der farbige Hintergrundkarton das beste, aber auch das teuerste Material für große Wandbilder. Fotoateliers und Werbefachleute verwenden ihn als Hintergrund für ihre Aufnahmen. Der relativ hohe Preis ergibt sich daraus, daß dieses Material nur in 11 m-Rollen (2,75 m Breite) bestellt werden kann. Bedenkt man aber, daß das gute Material beidseitig verwendbar ist und daß es in 30 sehr schönen Farbstellungen angeboten wird, so ist es nicht zu teuer.

Vgl. Bildteil Nr. 24 u. 25

Besonders für Theaterkulissen und für mehrmals zu benutzende Bildwände ist Fotohintergrundkarton das ideale Arbeitsmaterial.

TIP:

Alle Kanten von der Rückseite her mit Packband bekleben, damit sie beim Transport nicht einreißen.
Jeweils an Ober- und Unterkante eine Leiste befestigen, damit auch große Formate platzsparend – wie Landkarten gerollt – aufbewahrt werden können (vgl. S. 97).

Farben

Als Farben zum Bemalen großer Bildwände eignen sich besonders:

- ☐ *Kleisterfarben:* sie lassen sich auch in größeren Mengen billig selbst anrühren (vgl. Seite 40)
- ☐ *Plakafarben:* leuchtende, sehr gut mischbare Farben. Sie sind wetterfest, in Gläschen erhältlich, allerdings nicht billig.
- ☐ *Dispersionsfarben:* gut mischbare mit Wasser zu verdünnende Farben, die nach dem Trocknen wasserfest werden. Sie sind wirtschaftlicher als Wasserfarben.
- ☐ *Farbige Tafelkreiden* (vgl. Seite 41)

Vergrößern – verkleinern

Oft fällt es schwer, einen kleinen Entwurf auf ein großes Format zu übertragen. Ist die gewünschte Vergrößerung gar lebensgroß, so verliert man leicht den Überblick, und die Proportionen stimmen nicht mehr.
In diesem Fall sollte die Quadratnetzprojektion angewandt werden, ein Verfahren, das vielen Malern dazu diente, ihren Bildentwurf maßstabgetreu auf die Wand zu übertragen.

Quadratnetzprojektion

Das Übertragungsprinzip ist einfach: Sowohl über den Entwurf als auch über die Wand wird ein Netz von gleich vielen Quadraten gezogen. Die Quadrate an der Wand sind um sovielmal größer, als vergrößert werden soll.

Selbstverständlich ist auch der umgekehrte Weg – von groß zu klein – möglich. Wichtig ist nur, daß exakt gearbeitet und maßstabgetreu übertragen wird.

Und so gehen Sie vor:

- ☐ Überziehen Sie Ihren Entwurf mit einem Netz von Quadraten und gliedern Sie die Wandfläche mit der gleichen Anzahl von Quadraten, die Sie im gewünschten Maßstab vergrößern.
- ☐ Numerieren Sie beide Quadratnetze.
- ☐ Übertragen Sie Schritt für Schritt, Quadrat für Quadrat die Zeichnung. Dabei orientieren Sie sich am besten an den Seitenkanten der jeweiligen Quadrate, schätzen die Entfernungen und übertragen den Ausschnitt auf das entsprechend vergrößerte Quadrat.
- ☐ Abschließend können Sie Korrekturen anbringen.

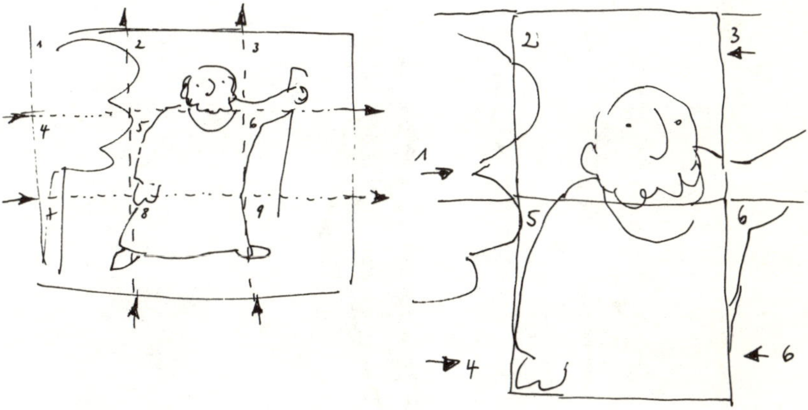

So wird auch vergrößert:

Overheadprojektor

Mit dem Overheadprojektor: Sie stellen von den Bildumrissen eine Folie her und werfen sie an die Wand. Die Umrisse können Sie nun mit einem Bleistift nachzeichnen.
Vorteil: Es ist keine Verdunkelung nötig, der Abstand zur Wand muß nur wenige Meter betragen.

Diaprojektor

Mit dem Diaprojektor: Sie benützen ein Dia als Vorlage und werfen es in der gewünschten Größe an die Wand.
Landschaften und andere Versatzstücke für eine größere Komposition können auf diese Weise hinzuprojiziert werden.

Episkop Mit dem Episkop: So können Sie auch aus Büchern Bildteile übernehmen, an die Wand projizieren und dort nachzeichnen. *Nachteil:* Der Raum muß verdunkelt werden, der Abstand zur Wand muß recht groß sein.

Für große Feste in der Gemeinde oder auch zur Wandgestaltung in Jugendräumen und Freizeitheimen eignen sich auch diese problemlosen Arten der Vergrößerung:

Schattenriß und Umrandung

- ☐ Personen stellen sich so vor eine starke Lichtquelle und vor die zu bemalende Wand, daß ihr Schatten auf die Wand trifft und leicht mit einem Stift, Kohle oder Pinsel umrandet werden kann.

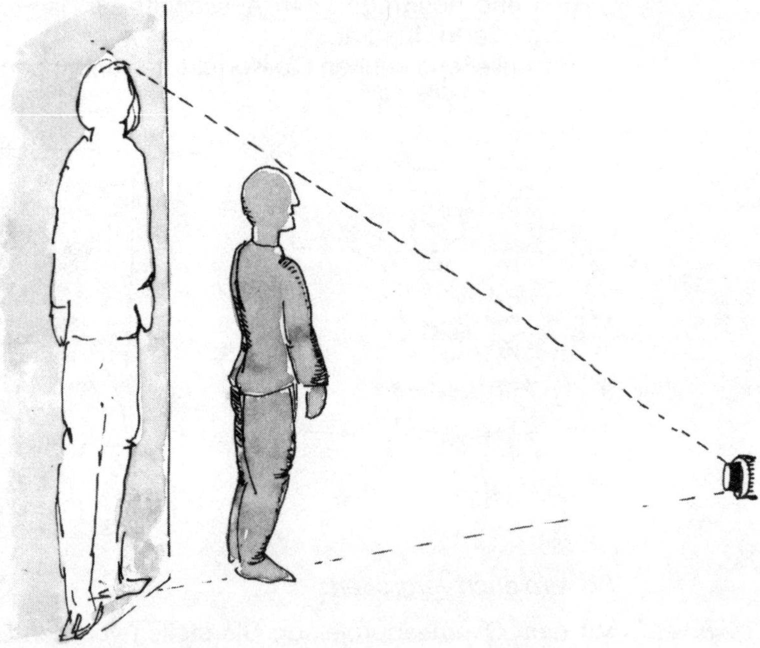

- ☐ Einfacher, weil keine Lichtquelle benötigt wird, ist das Umranden von Personen, die auf einem großen Papierbogen auf dem Boden liegen. Diese Methode hat den Vorteil, daß die ausgeschnittenen Papierschablonen später auf der Wand besser durch Hin- und Herschieben zum Bild komponiert werden können. Außerdem sind interessante Stellungen im Liegen nicht so anstrengend auszuhalten, als stünde die betreffende Person direkt vor der Wand.

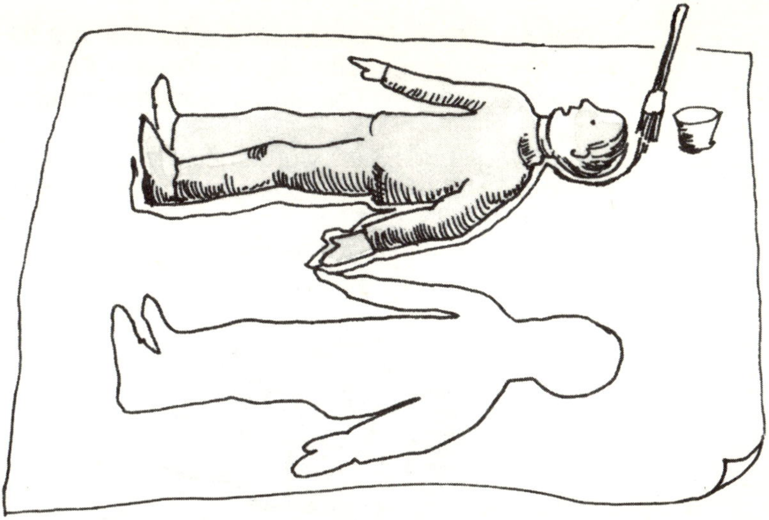

Vier Beispiele aus der Praxis:

1. Beispiel: Jugendgottesdienst

Am Beispiel der Gestaltung eines 5-teiligen Bilderzyklus für einen ökumenischen Jugendvespergottesdienst anläßlich des Katholikentages in München 1984 sollen Erfahrungen einer Gruppe von Studenten der Religionspädagogik beim Wandbildermalen vorgestellt werden.
Format und Thema der Bilderfolge waren vorgegeben: Auf mindestens 2 mal 3 Meter großen Bildwänden, die an der Empore im Halbrund aufgehängt werden sollten, waren Szenen aus der Geschichte des Petrus, der auf dem Wasser wandelt, darzustellen.

So gingen wir vor:

- ☐ Auswahl von fünf markanten Szenen:
  - Zögern der Jünger am Strand vor dem Besteigen des Bootes.
  - Sturm, die Jünger ängstigen sich auf dem wogenden See.
  - Petrus wandelt – von Jesus gerufen – auf dem Wasser.
  - Den Jünger ergreift Angst, er droht zu sinken.
  - Zurück am Ufer, die Jünger staunen über ihr Erlebnis.
- ☐ Bewußt wurde die Szene, in der Jesus hätte dargestellt werden müssen, ausgeklammert. Im Vorbereitungsteam war man sich einig, daß klischeehafte Jesusdarstellungen unbedingt in der Bibelillustration zu vermeiden sind.

- ☐ Für erste Entwurfskizzen im Format DIN A 3 (Schulzeichenblock) bewährten sich dicke schwarze Faserschreiber. Sie zwingen zu klaren Formen und zum Weglassen unnötiger Details.
  Die Wogen des Sees wurden zeichenhaft, das Boot nicht in wahren Größenverhältnissen entworfen. Ebenso mußten die Gesichter klar und fast typisiert gezeichnet werden, um auf die Ferne wirksam zu bleiben.

- ☐ Wir hatten vor, mit leuchtenden Plakafarben auf Hintergrundkarton zu malen, der in den zwei ausgewählten Farbtönen türkis und maisgelb einen sehr guten Farbuntergrund abgab. Mit 2,75 m Breite entsprach er genau der gewünschten Bildhöhe, ohne daß Papierbahnen zusammengeklebt werden mußten (vgl. Seite 92).
- ☐ Nach grober, skizzenhafter Vorzeichnung mit Kohle, malten jeweils 3–5 Studenten gleichzeitig an einer der fünf Bildwände, die auf Treppenfluren ausgebreitet lagen.
- ☐ Weniger geübte Zeichner sollten den Übertrag von der Entwurfskizze auf das Wandbild besser mit Hilfe der Quadratnetzprojektion probieren (vgl. Seite 93). Es ist wichtig, daß bei so großen Projektionen der Entwurf korrekt übertragen wird, ehe man mit dem Malen beginnt.
- ☐ Das Malen verlief dann problemlos. Es war nur darauf zu achten, daß die auf jedem Bild der Bildfolge wiederkehrenden Personen gleiche Gewandformen, Farben und vor allem Haar- und Barttrachten hatten, an denen der Betrachter sie wiedererkennen konnte.

TIP:

Gesichtsfarben erhält man, indem man viel Deckweiß mit sehr wenig Rot und Ocker mischt. Je nach dem Mischungsverhältnis der drei Farben ergeben sich mehr zartrosa oder stark gebräunte Gesichtsfarben.

- ☐ Vor dem Transport wurden alle Seitenkanten der Bildwände auf der Rückseite mit breitem Packband beklebt, damit sie nicht einreißen konnten.
  Die langen Schmalseiten oben und unten am Bild schlugen wir etwa 10 cm nach hinten um und klebten sie mit Packband fest. In die hierdurch entstandenen Laschen wurden die Leisten geschoben. Die obere Leiste diente – durchbohrt und mit Schnüren versehen – zum Aufhängen der Bildwände, die untere sollte das Bild beschweren und straffen.

2. Beispiel: Krippenspiel

Vielleicht wollen Sie einmal – auch in größerem Rahmen – mit einer Gruppe ein Krippenspiel aufführen. In einer Kirchengemeinde mit einem Orchester und Chor könnte dies auch Carl Orffs Weihnachtsgeschichte sein.
Welche Art einfacher Kulissen wäre dafür denkbar?
Kulissen sollen den Rahmen und Hintergrund für die Aufführung bilden. Sie unterstützen die Handlung, müssen aber der Phantasie der Zuschauer genügend Spielraum lassen.
Die Kulisse in unserem Beispiel sollte aus einem Hauptprospekt von 6 mal 4 m Größe und aus jeweils drei Seitenteilen von 1 mal 4 m bestehen, die rechts und links schräg in die Tiefe führten. An den Breitseiten der Bildteile mußten Holzleisten in Laschen geschoben werden, damit die Bilder aufgehängt werden konnten und straff durchhingen.

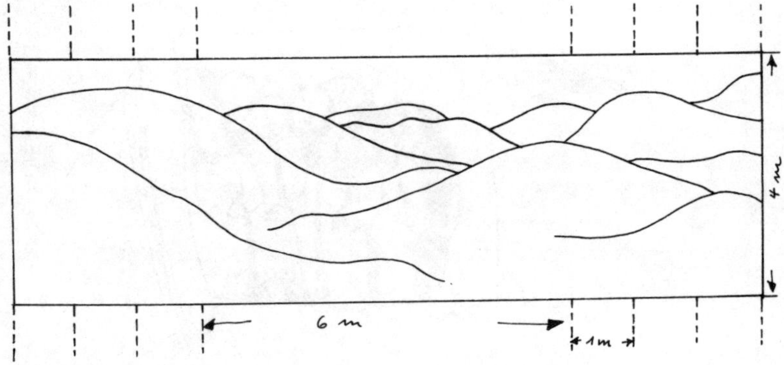

So gingen wir vor:

- ☐ Vermessen der auf der Bühne zur Verfügung stehenden Fläche; Aufhängevorrichtung und Materialien festlegen (in diesem Fall Packpapierbahnen).
- ☐ Bleistiftskizze einer leicht hügeligen Landschaft entwerfen und mehrmals kopieren (s. Abb. oben).
- ☐ Verschiedene Farbstudien anlegen, dabei Lichtverhältnisse der Aufführung (farbige Scheinwerfer) berücksichtigen. In unserem Beispiel wurde ein bewußt zurückhaltender Entwurf gewählt: eine sandfarbene Wüstenlandschaft, nachtdunkler Himmel und der Weihnachtsstern.

Vgl. Bildteil Nr. 26

TIP:

Für große Flächen werden gleichlange Rollenabschnitte ca. 3 cm überlappend mit Packband auf der Rückseite zusammengeklebt. Dabei ist es wichtig, daß der frei überstehende Rand nach oben zeigt, damit das Scheinwerferlicht bei der Aufführung diese Schnittstelle ausleuchtet, statt sie durch Schattenwurf sichtbar zu machen.
Es wird mit Dispersionsfarben gemalt. Sie kommen kräftiger heraus, wenn vorher die ganze Fläche mit verdünnter weißer Dispersionsfarbe grundiert wird (entweder mit breitem Malerpinsel vorstreichen oder mit Kompressor und Spritzdüse grundieren).

3. Beispiel Gemeindefest

Ähnlich wie bei der Kulissenmalerei, nur viel weniger aufwendig, werden Dekorationen für Feste hergestellt. Lassen Sie alt und jung an diesen Vorbereitungen teilhaben. Es macht viel Freude, mit Ideen und lustigen Einfällen Räume für ein schönes Sommerfest oder für eine fröhliche Jugendveranstaltung vorzubereiten.

So könnten wir vorgehen:

- ☐ Packpapiere von der Rolle oder in Bogen auf dem Fußboden ausbreiten und zusammenkleben (Zeitungen oder Tapetenreste tun es auch!). Kanten mit Packband sichern.
- ☐ Mit Kohle oder Bleistift entworfene Motive mit Plakafarben oder mit Kleisterfarben malen.

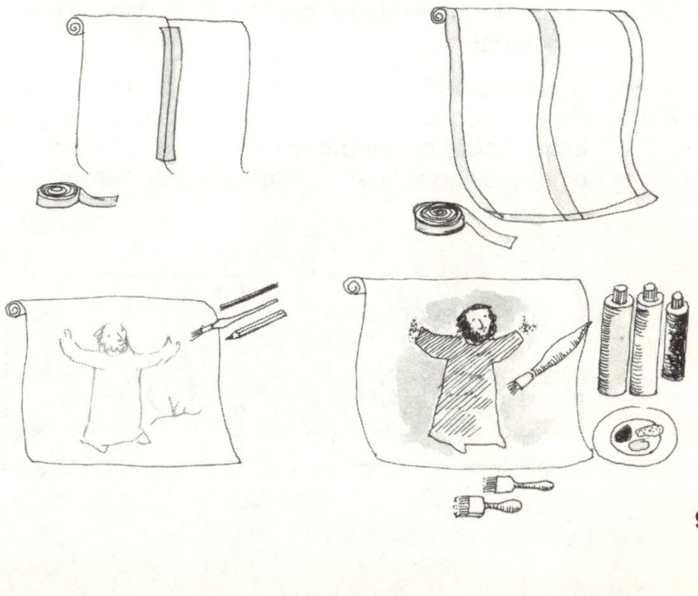

- ☐ Für Sommerfeste hat sich bewährt, ein Blumenmotiv – vielleicht das Motiv des Plakates – stark vergrößert auf Papierwände zu malen und diese zur Dekoration an Außenwänden oder an Wäscheleinen befestigt im Pfarrgarten aufzuhängen.
- ☐ Für Jugendveranstaltungen sind besonders auffällige Extras möglich, z.B. hie und da etwas blinkende Alufolie in die Malereien einkleben; geknüllte farbige Seidenpapierkugeln oder aus festerem Papier bzw. aus Pappe geschnittene Masken reliefartig aufkleben (vgl. S. 106).

> TIP:
>
> Geschickt angebrachte Spotlights, mit Farbpapier zu rotem oder gelbem Licht verändert, ersetzen teure Beleuchtungseffekte.

4. Beispiel Ausstellung

Große Wandflächen können wir hin und wieder auch für Ausstellungen benützen. Was in Gruppenstunden und Freizeiten entstanden ist, sollte nicht in Schränken und Schubladen verschwinden, sondern der Gemeinde präsentiert werden.
Gelungene Bilder gehören wenigstens eine Weile an die Wand. Man will mit ihnen leben. Sie müssen aber gut zur Geltung gebracht werden. Dazu muß man überprüfen, ob etwa der Rand etwas beschnitten werden muß. Auch ist zu fragen, welche Tönung der Hintergrund haben könnte, damit das Bild noch mehr gewinnt. Und es muß entschieden werden, wie breit der Rahmen sein kann, damit das Bild nicht erdrückt wird. Auf einen zu schmalen Rand sollte gleich verzichtet werden, Bilder brauchen Raum. Manche Bilder gewinnen an Wirkung, wenn man sie zuschneidet.

Das Zuschneiden der Bilder

Durch Abdecken an beiden Seiten und am oberen bzw. unteren Rand überprüfen wir, ob die Bildaussage gesteigert werden kann. Sogar scheinbar mißratene Bilder können durch die Wahl eines kleineren Ausschnittes gerettet werden (Abb. 1, 2, 3).

Das Hinterlegen der Bilder

Bilder können auch mit einem größeren Bogen Papier oder Pappe hinterlegt werden. Dabei ist es günstig, wenn der obere Rand und die beiden Seitenränder etwa gleich breit sind. Der untere Rand wird etwas breiter gewählt (Abb. 3).

Das Rahmen mit einem Passepartout

Besonders schön lassen sich Bilder präsentieren, wenn man sie mit einem Passepartout versieht. Passepartouts sind passend ausgeschnittene Rahmen aus fester Pappe, die vor das Bild geklappt werden, ähnlich einem Fenster, das über dem Bild liegt.

So gehen Sie am besten vor:

- ☐ Wählen Sie eine so große Untergrundpappe, daß das Bild gut zur Geltung kommt. Kleben Sie das Bild vorsichtig an zwei Stellen der Oberkante fest (Tesafilm!). Das Bild sollte an drei Seiten (oben, rechts und links) den gleichen Abstand zum Rand haben, unten geben Sie ein klein wenig Rand hinzu.
- ☐ Auf der gleichgroßen Deckplatte markieren Sie exakt die Ausschnittgröße (sie ist nicht identisch mit der Bildgröße, sondern etwas kleiner!). Dabei gehen Sie von der Mittellinie aus, messen nach beiden Seiten jeweils die Hälfte des gewünschten Maßes und tragen danach von einer waagerechten Mittellinie nach oben und unten die zwei verschiedenen Längen an (Abb. 4).

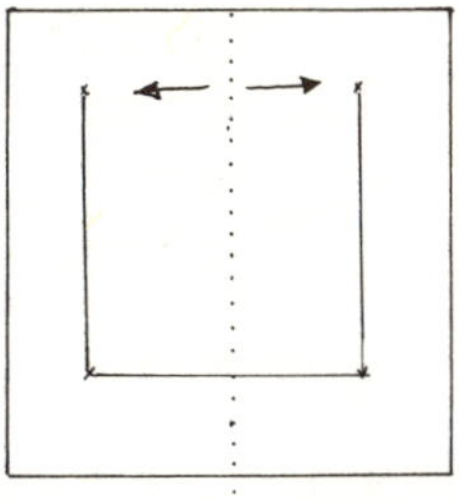
4

5

6
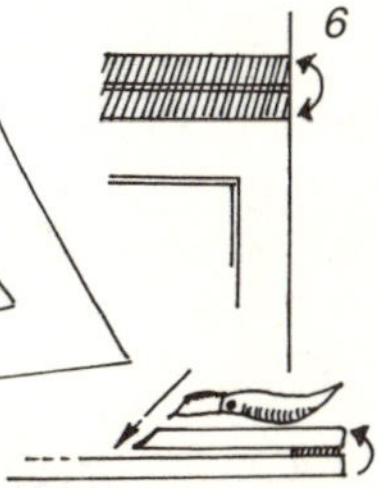

- ☐ Nun wird der Ausschnitt aus dem Deckblatt mit einem scharfen Papierschneidemesser entlang einem Eisenlineal exakt bis in die Ecken geschnitten. Professionelle Passepartoutschneider wählen als Deckblatt dicken Bristolkarton und führen den Schnitt leicht schräg, so daß eine Facette entsteht (Abb. 5).
- ☐ Abschließend werden Untergrundpappe und Deckblatt auf der Innenseite oben mit einem Klebeband verbunden, das Deckblatt heruntergeklappt, und schon zeigt sich das Bild im würdigen Rahmen (Abb. 6).

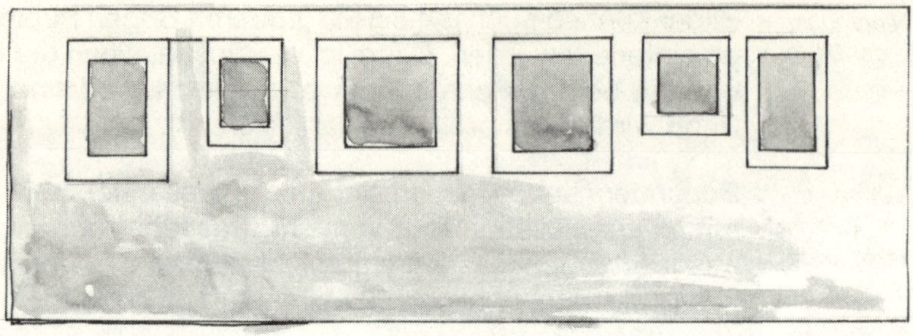

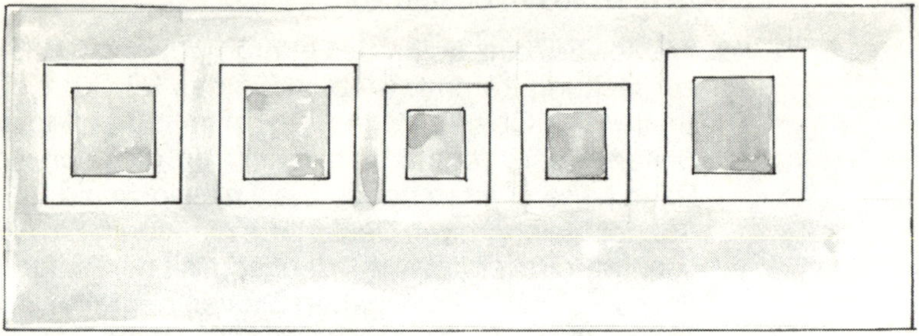

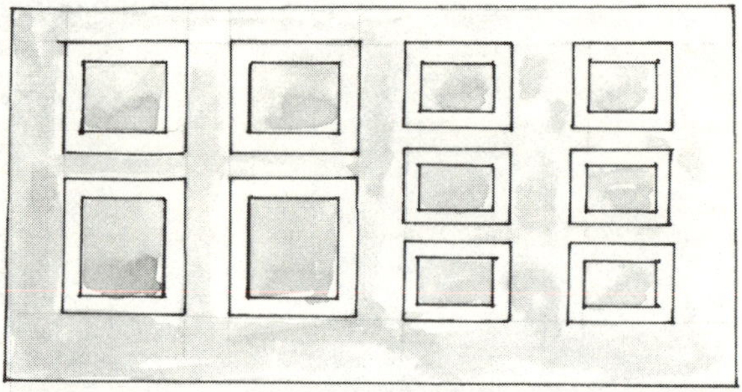

Unterschiedlich große Bilder sollten beim Aufhängen sortiert werden. Entweder richtet man sich nach einer einheitlichen Oberkante oder die Bilder werden in Sichthöhe auf einer Unterkante angeordnet.

Sehr reizvoll ist die Anordnung in Blöcken, bei der viele Möglichkeiten gegeben sind.

Plastische Dekorationen

Aus Papier und Pappe

In einer Gemeinde, in der viel und gerne bildnerisch gestaltet wird, kann man auch einmal etwas ausgefallenere Gestaltungsideen verwirklichen.
Sie suchen eine Dekoration, die dem Gemeindefest oder einem kirchlichen Jubiläum eine besondere Note verleiht?
Wie wäre es mit Blütenbäumen zum Empfang?

Blütenbäume

Wir brauchen dazu:

Pappkerne (Rohre), z.B. aus einem Teppichgeschäft, Luftballons, Dispersions- oder Plakafarben, etwas Seidenpapier, Draht, einen alten Eimer, Zement.

Und so wird's gemacht:

- ☐ In einen Eimer Papprohre einzementieren, aufgeblasene Luftballons zu einer Traube zusammenbinden und mit Draht am Papprohr befestigen.
- ☐ Mit eingekleistertem Zeitungspapier (vgl. S. 107ff.) mehrfach die Ballons umformen, trocknen lassen und mit grüner Dispersionsfarbe bemalen. Mit Seidenpapier bekleben geht noch schneller!
- ☐ In die Nischen der „Baumkrone" kleine farbige Papierblumen oder Blattformen kleben.
- ☐ Stamm mit brauner Farbe anmalen und, falls nötig, den Kübel mit Kreppapier verkleiden.

Vgl. Bildteil Nr. 29

Blumensträuße

Eine hübsche Dekoration oder ein originelles Geschenk sind Blumen, die nicht verwelken. Der Strauß darf nur nicht kunterbunt sein, sondern sollte dezent, Ton in Ton, und mit vielen phantasievoll geformten Blüten gestaltet werden.

Wir brauchen dazu:

Krepp-, Transparent- und Seidenpapier in möglichst fein aufeinander abgestimmten Farben, Aluminiumfolie, starken Draht, Blumendraht, Holz- und Glasperlen, Klebstoff, Schere

Und so wird's gemacht:

- ☐ Seidenpapierbogen dritteln. Jedes Drittel oben handbreit umschlagen und gleichmäßig von der Kante her 4–5 cm tief einschneiden.

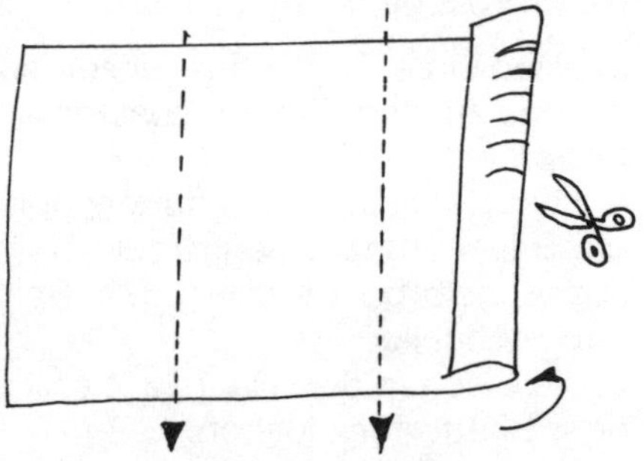

- ☐ Den so vorbereiteten Streifen mit der rechten Hand in der Linken fälteln und langsam zu einer Blume rollen, das Ende fest mit Blumendraht umwickeln.

- ☐ Andersfarbigen Bogen, nicht eingeschnitten, aber umgebogen ebenso fälteln und mit Draht umwickeln.
- ☐ Starken Draht in Stiellänge zuschneiden, am oberen Ende mit einem Haken versehen, in die Blüte mit einarbeiten und fest verankern.

- ☐ Nun kann noch mehrmals mit verschiedenen, fein abgestuften Farbtönen umwickelt werden. Auch ausgeschnittene Blütenblatteile können eingearbeitet werden.
  Der Experimentierfreude sind keine Grenzen gesetzt!
- ☐ Perlen oder aus Alufolie gedrehte Staubfäden werden zum Schluß eingeklebt. Sie machen die Blüten besonders festlich.

Vgl. Bildteil Nr. 30

TIP:

Am besten steht dieser Strauß in einem Glas, das nicht so leicht umstürzt. Einzelne Blüten sehen auch in einer Flasche sehr dekorativ aus.

Masken

Ein wirkungsvoller Schmuck sind Masken bzw. Papierköpfe, die kunstvoll aus festerem weißem Zeichenpapier oder aus dünnem Karton geschnitten und zusammengesteckt werden.
Das Raffinierte an diesen Papierfiguren ist die optimale Ausnutzung von Positiv- und Negativformen. Jedes ausgeschnittene Stück wird zu weiterer Gestaltung verwendet. Meist wird nur gesteckt, nicht geklebt. Bei der Arbeit ergeben sich immer neue

Möglichkeiten der Gestaltung. Hier einige Anregungen zum Ausprobieren:

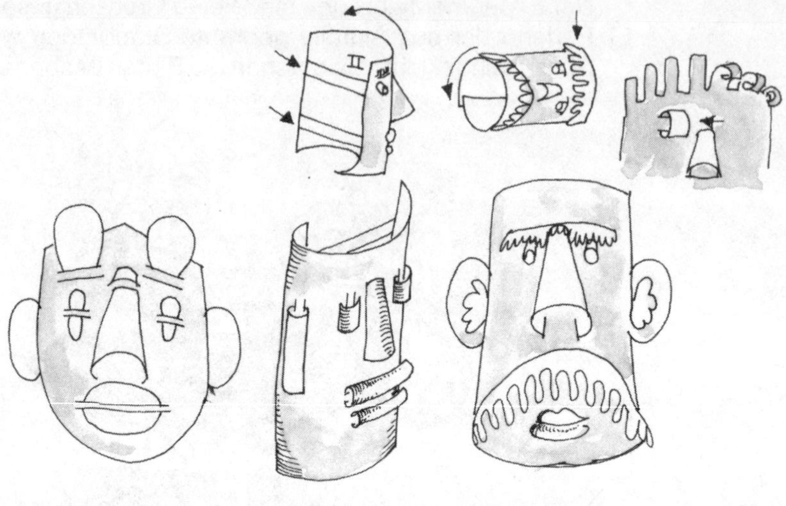

Riesenfiguren

Bei einem internationalen ökumenischen Jugendtreffen konstruierte ein englischer Religionspädagoge aus großen Plakatkartons und etwas Perlonfaden, mit einer Heftmaschine und Klebstoff bzw. Klebestreifen im Handumdrehen die überlebensgroße Figur des guten Vaters mit einladend weit geöffneten Armen aus der Geschichte vom verlorenen Sohn. Mit dieser Riesenfigur, die so sperrig war, daß drei Erwachsene sie tragen mußten, erhielt der Schlußgottesdienst dieser Begegnung ein unübersehbares Zeichen, an das sich die Teilnehmer lange erinnern konnten.

Und so wird's gemacht:

- ☐ Aus den Plakatkartons konisch zulaufende Pappröhren formen und zusammenkleben oder mit der Maschine heften, so daß sie die Form menschlicher Körper erhalten (s. Abb. nächste Seite).
- ☐ Doppelt geschnittene Hände durch Pappstege auf Abstand halten, parallel kleben.
- ☐ Lastet nach dem Biegen großer Flächen zu viel Spannung auf den Klebestellen, so sicherheitshalber im Innern der Röhren einige Perlonfäden spannen.
- ☐ Gefaltete Pappstücke ergeben Nase und Ohren, zu Mustern geschnittenes Buntpapier verziert Rocksaum und Ärmel.

Aus Papiermaché Plastische Dekorationen, bei deren Gestaltung der Phantasie keine Grenzen gesetzt sind, lassen sich aus Papiermaché (siehe Seite 56ff.) herstellen.

Masken Eine leichte, aber originelle Gestaltungsarbeit sind beispielsweise Papiermaché-Masken.

So werden sie gemacht:

☐ Als Formkern genügt ein riesengroßer, aufgeblasener, runder Luftballon. Flach, wie ein umgedrehter Teller, werden eingekleisterte Papierstücke über den Luftballon geformt.

□ Wie vorher beschrieben, werden Nasen, Ohren, Augen geformt und alles kaschiert und bemalt.

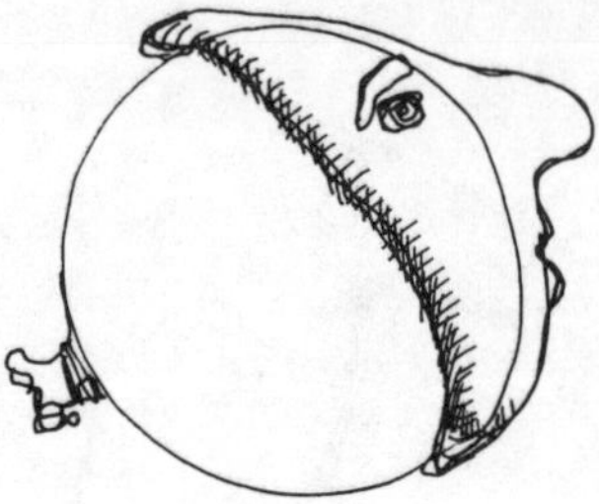

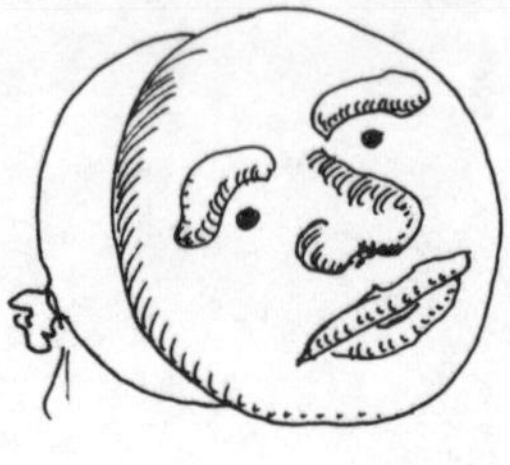

Riesenmenschen

Mit Hilfe von Luftballons lassen sich aus Papiermaché auch imposante Riesenmenschen herstellen.

So werden sie gemacht:

□ Kleine, große, längliche Luftballons aufblasen, mit mehreren Lagen eingekleisterten Zeitungspapierstreifen umwickeln, trocknen lassen.
□ Jeweils zwei oder drei dieser Elemente zu Oberkörper, Armen, Beinen etc. zusammenlegen und erneut mit Kleisterpapier zur Großform verbinden.
□ Nach dem Trocknen diese Großteile liegend (auf zusammengestellten Tischen) mit kreuzweise gelegten Papierbändern, notfalls vorher mit Leinenstreifen, Schnur oder Draht fixiert, fest verbinden (vgl. nächste Seite).
□ Bei großen Figuren mit ausgebreiteten Armen (z.B. dem guten Vater) kann eine durchgestoßene Holz- oder Metallstange sehr hilfreich sein. Hier ist es vielleicht einmal nötig zu improvisieren.
□ Alles gut modellieren, Augen, Ohren, Hände, Füße anformen (siehe oben) und abschließend die ganze Figur entweder mit weißer Makulatur beziehen und später bemalen oder mit Seidenpapier bekleben.

TIP:

Anstelle der formgebenden aufgeblasenen Luftballons kann auch z.B. für Tierfiguren ein großes zur Röhre gebogenes Stück Maschendrahtgitter verwendet werden. Wichtig ist nur, daß das schwere, nasse Papiermaché bis zum Trocknen in Form gehalten wird.

Vgl. Bildteil Nr. 30

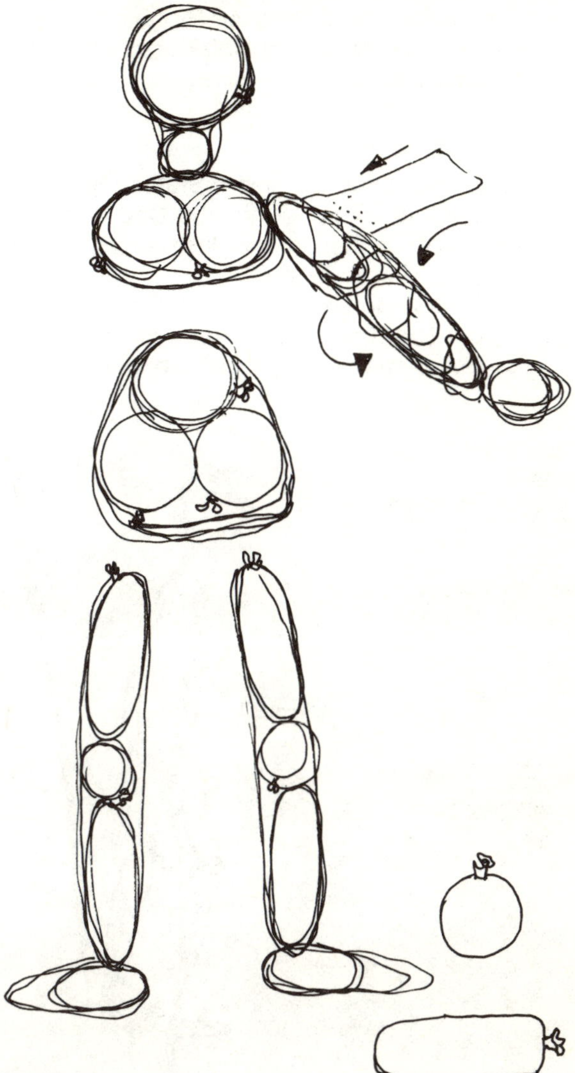

Riesenmenschen aus Papiermaché

Aus Gips Besonders Mutige können sich auch einmal an einer Gestaltungsarbeit mit Gips versuchen. Aus Gips und Draht lassen sich eindrucksvolle plastische Figuren modellieren, die widerstandsfähiger sind als Papiermaché-Plastiken.

Man braucht dazu:

Gipspulver, noch besser Gipsbinden, dickeren und dünneren Draht, als Fundament Holzklötzchen, Schüssel, Wasser, Drahtzange, Bohrer

So gehen Sie vor:

- ☐ Dicken Draht zu einem Stützgerippe für die gewünschte Plastik biegen, mit dünnerem Draht Körperformen modellieren.
- ☐ Holzklötzchen in der Mitte vorbohren, Drahtfigur darin verankern, damit sie steht.
- ☐ Gipsbinden nach Vorschrift in Wasser einweichen, vorsichtig um Drahtgerippe wickeln und modellieren. Finger befeuchten, damit den Gips glattstreichen.

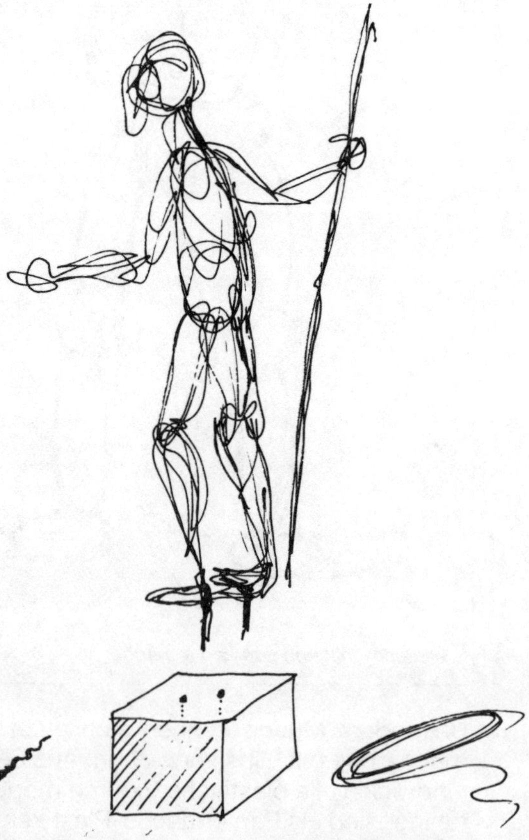

TIP:

Fehlen Gipsbinden, so nehmen Sie schmale Stoffstreifen oder Mullbinden, die in Gipsbrei getränkt wurden.
Für den Gipsbrei Gipspulver vorsichtig in Wasser einrühren, mit etwas Fingerspitzengefühl die richtigen Mengenverhältnisse herausfinden. Gips darf nicht zu schnell abbinden.
Natürlich können Sie Gipsbrei auch mit einem Messerrücken direkt auf das Drahtgerippe auftragen. Das Modellieren muß dann sehr zügig geschehen, damit der Gips nicht erstarrt.

Aus Ytong

Wer dauerhaftere und derbere Reliefs herstellen will, sollte sich mit dem Schneiden und Ritzen von Ytongsteinen beschäftigen. Man erhält sie zu geringem Preis in Baustoffhandlungen, wo sie als Dämmaterial in verschiedenen Stärken angeboten werden. Die Bearbeitung ist sehr einfach und für jung und alt geeignet.

Man benötigt nur ein altes Messer, notfalls darf es sogar abgebrochen sein, oder ein anderes einigermaßen scharfes Ritzwerkzeug (Schraubenzieher etc.).

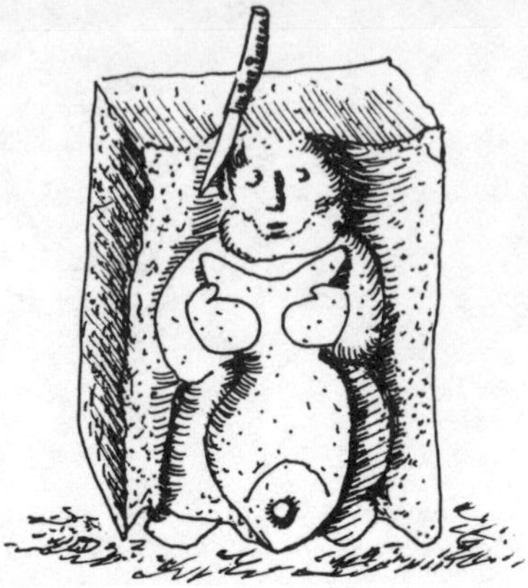

Damit werden zunächst die groben Umrisse einer möglichst einfachen Darstellung vorgeritzt, z.B. Fisch, Hahn, Baum usw. Dann schneidet und schabt, gräbt und glättet man Schicht um Schicht tiefer in das poröse und leicht zu bearbeitende Material. Jüngere Kinder werden sich mit Ritzzeichnungen begnügen, Jugendliche und Erwachsene können durch Abschrägen, Wölben und Vertiefen der Flächen eine plastischere Wirkung erzielen.

Vgl. Bildteil Nr. 22

Die Ergebnisse sind durchweg ermutigend und führen zum Erfolg. Man muß allerdings darauf achten, daß nicht solange abgetragen und ausgehöhlt wird, bis der Stein zu sehr schwindet und Bruchgefahr besteht.

Natürlich kann Ytong auch zu Vollplastiken verarbeitet werden. Im Freien aufgestellt bilden sie interessante Akzente. Das weiche, poröse Material ist allerdings nicht sehr witterungsbeständig.

Einladen, werben, informieren

Will die Kirche in der Welt präsent sein, kann sie auf ein gewisses Maß an Öffentlichkeitsarbeit nicht verzichten. Eine Gemeinde, die sich nicht nur ständig um eine Kerngruppe von Getreuen drehen will, muß für ihre Veranstaltungen werben, muß über ihr Programm informieren und zu ihren Festen einladen.

Plakate

Mit Plakaten, die „ins Auge springen", wird Aufmerksamkeit erregt und Neugierde geweckt.
Ein gutes Plakat muß zwei Bedingungen erfüllen: Es muß auch aus größerer Entfernung gut erkennbar sein, und es muß alle wichtigen Daten und Informationen enthalten (Tag und Ort der Veranstaltung, Anfangszeit, Thema, Referent, Eintritt usw.).
Ein Plakatentwurf will also gut durchdacht sein. Planen Sie ein Textplakat, also ein Plakat ohne Bildmotiv, so können die Buchstaben nicht nur durch die Wahl einer besonderen Schrifttype und durch unterschiedliche Buchstabengrößen den Blick auf sich ziehen, sondern auch durch auffalllende Farbgestaltung.

Vgl. Bildteil Nr. 27 u. 28

Steht ein Bild zur Verfügung, so wird die Schrift eher beigeordnet oder sogar untergeordnet sein. Liegt die benötigte Anzahl von Plakaten deutlich unter 100 Stück, so lohnt es sich, einen Linoldruck zu verwenden, der in der Gruppe individuell mit deckenden Plakafarben koloriert wird. Aber auch dann, wenn Sie ein Plakat nicht selbst gestalten, sondern zum Drucker bringen, werden Sie nach Gestaltungsvorstellungen gefragt. Es prägt den Stil der Gemeinde, wenn zumindest für alljährlich sich wiederholende Veranstaltungen (Jugendwochen, Bibelwochen, die Friedenswoche im Herbst, bestimmte ökumenische Vortragsreihen oder Gemeindefeste) ein optisches Erkennungsmerkmal gewählt wird.

Für optische Erkennungsmerkmale sorgen

In solchen Fällen kann es sinnvoll sein, ein Grundmotiv auf allen Ankündigungen wiederkehren zu lassen. Zum Beispiel könnte das Blumenmotiv zu einem Sommerfest nicht nur auf dem Plakat erscheinen, sondern – verkleinert – auf dem Festprogramm, auf Handzetteln oder in einer Anzeige des Gemeindeblattes. Solche wiederkehrenden Motive prägen sich gleichsam wie ein „Markenzeichen" ein.

Bildzeichen, Symbole

Reizvoll ist es auch, für besondere Gelegenheiten Bildzeichen bzw. Symbole selbst zu entwerfen. Sie signalisieren Inhalte schneller und deutlicher als Worte. Denken wir nur an den Fisch, das Kreuz, den Regenbogen und viele andere christliche Symbole.

Symbole darzustellen, ist nicht ganz leicht. Was so einfach aussieht, erfordert Phantasie und ein Gefühl fürs Wesentliche. Bildzeichen sollen ja schnell erfaßbar sein und erfordern daher einen hohen Grad an Abstraktion. Da es sehr selten gelingen wird, auf Anhieb eine gute Lösung zu finden, empfiehlt es sich, schrittweise vorzugehen.
Studenten suchten ein Motiv zum Aufdrucken auf eine Samen-Tüte, die im Gottesdienst verteilt werden sollte.

So gingen sie vor:

☐ Ideen wurden gesammelt (Wachsen, Pflanze, Blume, Same) und „Daumennagelskizzen“ angefertigt (vgl. S. 29).

☐ Eine Skizze wurde ausgewählt, neu gezeichnet und verbessert, z.B. Blätter verbreitert, schwarz-weiß gestaltet.

☐ So entstand die endgültige Symbolversion.

Gott der Herr
nahm den Menschen
und setzte ihn
in den Garten Eden,
daß er ihn bebaue
und bewahre.

1. Mose 2,15 = Genesis 2,15

Eine andere Gruppe versuchte, das Thema Wasser/Taufe als Symbol zu gestalten. Es entstanden viele verschiedene Lösungen:

Ebenso individuell gestalten können Sie auch, wenn Sie ein bekanntes Symbol um- und ausgestalten. Das Kreuz als Symbol der Hoffnung kann z.B. auf verschiedenste Arten abgebildet werden.

Schriftbild, Layout

Die Lesbarkeit und damit auch die Wirkung eines Plakates hängen stark von der Raumaufteilung ab.
Eigentlich sind Schriftgestaltung und Layout Aufgabe des Drukkers oder Gebrauchsgraphikers. Doch schadet es sicher nicht, wenn einfache Ankündigungen in der Gemeinde auch von engagierten Laien gestaltet werden.
Für eine gute Plakatgestaltung reicht es allerdings nicht aus, einzelne Buchstaben „schön“ schreiben zu können. Wenn feststeht, wie der Text genau lautet, der auf dem Plakat erscheinen soll, muß erst einmal gerechnet werden. Die Buchstabenhöhe und -breite und der richtige Abstand zwischen den einzelnen Buchstaben und zwischen den Wörtern müssen ebenso bedacht und errechnet werden wie die Abstände zwischen den Zeilen und zum Blattrand. Eine gute Hilfe ist es, die einzelnen Wörter oder Zahlenreihen auf Wortkärtchen zu schreiben und dann damit zu „spielen“:
Sieht es besser aus, wenn der Text rechts- oder linksbündig geschrieben ist oder wenn er um eine gedachte Mittelachse herum angeordnet wird?
Verbessert es die optische Wirkung, wenn einzelne Wörter oder Zahlen hervorgehoben werden, z.B. durch Groß- bzw. Fettbuchstaben oder durch Farbe?
Ein paar Beispiele:

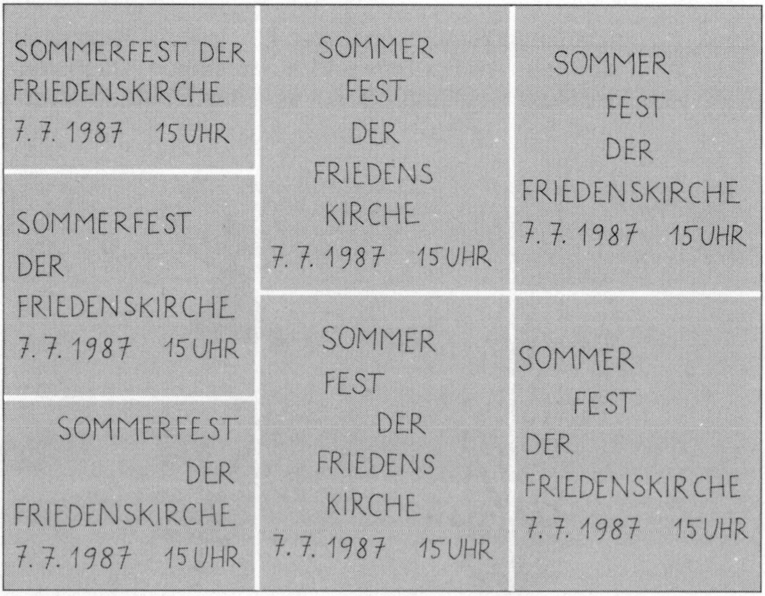

Wählen wir aus den vorgeschlagenen Möglichkeiten die folgende aus:

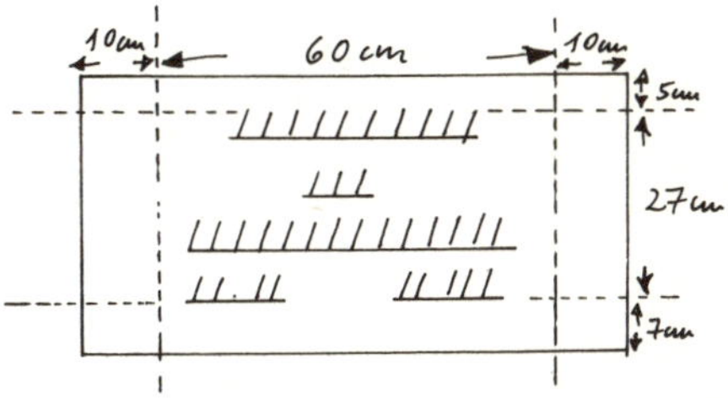

und führen an diesem Beispiel die Berechnungen für ein Plakat von 40 mal 80 cm durch:

- ☐ Von der Gesamtbreite (80 cm) auf jeder Seite für den Rand 10 cm abziehen. Es bleiben 60 cm.
- ☐ Anhand des längsten Wortes (Friedenskirche = 14 Buchstaben plus 13 Zwischenräume) errechnen, welche Breite das Wort einnimmt: Bei einer Breite von 3 cm pro Buchstaben ergeben sich 14 x 3 cm = 42 cm. Dazu kommen 13 Zwischenräume à 1 cm = 13 cm, also insgesamt 55 cm.
- ☐ Der verbleibende Rest von 5 cm wird halbiert und jeweils 2,5 cm an jeder Seite dem Rand zugegeben.
- ☐ Ebenso verfahren Sie bei der Berechnung der Zeilenabstände: 4 Zeilen mit 3 cm hohen Buchstaben = 12 cm, dazu z.B. 3 x 5 cm Zeilenabstand = 15 cm, zusammen 27 cm von 40 insgesamt, bleiben 13 cm, nämlich 5 cm oberer, 7 cm unterer Abstand.

Plakate sollen nicht nur Text enthalten. Bei der Suche nach geeigneten Bildern kann man vielleicht auch einmal gelungene Kinderbilder zu biblischen Geschichten verwenden. Solche Plakate sind oft besser verständlich und eindringlicher als Darstellungen Erwachsener.

Handzettel

Für viele Veranstaltungen wird zusätzlich mit Handzetteln geworben, die zum Beispiel nach dem Gottesdienst verteilt werden. Auch bei solchen Handzetteln sollte man sich um eine ansprechende Gestaltung bemühen. Ein flüchtig und lieblos hingeworfener Text erweckt beim Leser leicht den Eindruck, daß die Veranstaltung, zu der eingeladen wird, oder das Thema, um das es geht, nicht besonders wichtig sind.
Oftmals genügt es, Handzettel interessant zu falten, um Neugierde und Aufmerksamkeit zu wecken. Hier einige Vorschläge:

Schmuckblätter

In manchen Gemeinden bekommen die Gottesdienstbesucher auch manchmal schön gestaltete Blätter zur Erinnerung an die Predigt. Solche Blätter – beispielsweise für einen Jugend- oder Familiengottesdienst – können selbst entworfen, gezeichnet, geschrieben oder mit dem Kopiergerät vervielfältigt werden.

Blickpunkt Schaukasten

Schaukästen werden oft stiefmütterlich behandelt. Der Sonne ausgesetzt, sind die Bilder schnell verblichen, und oft bleibt der Inhalt wochenlang unausgewechselt, bis er wirklich nicht mehr aktuell ist. Hinzu kommen leider auch manche „Kunstfehler" bei der Gestaltung, die sich leicht vermeiden ließen.

Darauf könnten Sie achten:

- ☐ Öfter einmal die Hintergrundfarbe des Schaukastens wechseln. Weiß und Schwarz sind keine sehr wirksamen Farben. Passender Plakatkarton wird in 20 Farben angeboten!
- ☐ Ein großer Schriftzug (Name der Kirchengemeinde) über die ganze Breite des Schaukastens erweckt Aufmerksamkeit und informiert auf den ersten Blick.
- ☐ Gliedern Sie die vorhandene Fläche großzügig, geben Sie der einen oder anderen Rubrik ihren festen Platz. Für eilige Leser müssen wichtige Informationen (Termine) immer am gleichen Platz zu finden sein.
- ☐ Setzen Sie Akzente, ein dicker roter Punkt tut Wunder! Und überladen Sie nicht! Eine wichtige Ankündigung wird weniger leicht übersehen, wenn sie, deutlich abgehoben, in die Mitte gesetzt wird.

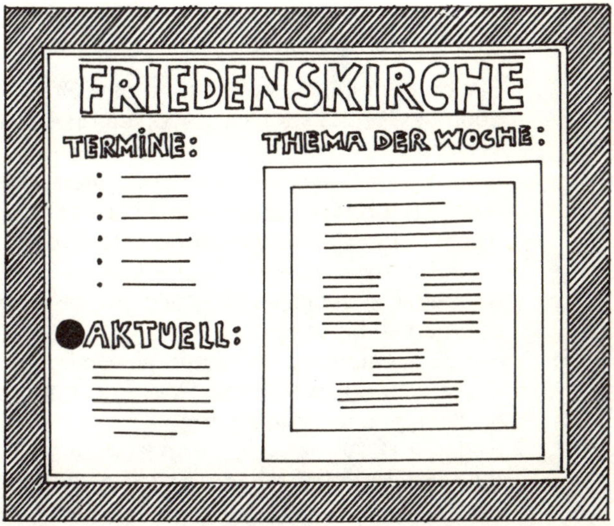

Das Gemeindeblatt

Drei-bis viermal im Jahr, in manchen Gemeinden auch öfter, wird das Informationsblatt der Kirchengemeinde allen Gemeindegliedern in den Briefkasten geworfen. Bei der heute üblichen Schwemme an Prospektmaterial, das oft ungelesen im Papierkorb landet, ist es wichtig, das Gemeindeblatt so zu gestalten, daß es beachtet wird. Dies geschieht in manchen Gemeinden durch die Wahl einer bestimmten Papierfarbe oder Papierqualität – oft ist es graues Umweltschutzpapier – oder durch ein wiederkehrendes Bildmotiv mit einem bekannten Schriftzug.
Dabei hat es sich bewährt, die Titelseite und das Layout im Innenteil des Gemeindeblattes einmal von einem Graphiker gestalten zu lassen, damit wichtige Informationen der Gemeinde gegenüber den heute doch sehr professionell aufgemachten Werbedrucksachen nicht zu sehr abfallen. In den letzten Jahren hat die Kirche auf diesem Gebiet sehr aufgeholt.
Ist dieser einmalige finanzielle Aufwand nicht möglich, so kann man sich auch anders behelfen.

Hier einige Anregungen:

- ☐ Für das Titelblatt eine schöne alte Graphik, z.B. einen Holzstich der Kirche suchen, davon einen Ausschnitt als Bildmotiv verwenden.
- ☐ Oder jemand aus der Gemeinde stellt eine gute Federzeichnung Ihrer Kirche für das Deckblatt zur Verfügung.
- ☐ Vorsicht bei der Verwendung selbstgeschriebener Schriftzüge auf dem Titelblatt: Allzuoft wirken Sie nicht oder zu hausbacken. Besser ist es wohl, sich diese Arbeit vom Drucker abnehmen zu lassen.
- ☐ Für die Gestaltung im Innern gilt Ähnliches wie für den Schaukasten: Wiederkehrende Rubriken herausheben und immer an die gleiche Stelle setzen.
- ☐ Bilder, z.B. Abbildungen von Kunstwerken, lockern nicht nur auf, sie regen auch zu stiller Meditation an. Einheitliche Schriftgestaltung im ganzen Heft erleichtert die Lesbarkeit.

ST. GEORG -AKTUELL
WOCHE VOM 12. BIS 19. JULI 1987
UNSER
GEMEINDE
BRIEF
EVANG. GEMEINDE
PEITING - HERZOGSÄGMÜHLE
Passionszeit 1987
Liebe Leser des Gemeindebriefes!
"Und Jesus kam heraus und trug die Dornenkrone und das Purpurgewand. Und Pilatus spricht zu ihnen:
GEMEINDE-
BRIEF
Evang.-Luth. Waldkirche
Planegg - Krailling
Pfarrer Friedrich Eberle
Pfarrer Walter Dietz
Gemeindebrief
Liebe Gemeindeglieder!
Pfarrbrief
ST STEFAN
GRÄFELFING
GEMEINDEBRIEF
FRÜHJAHR 1987

Ideen für die Gruppenstunde

Das Bilderbuch aus der Streichholzschachtel

Material Streichholzschachtel, Papier, Klebstreifen, Farbstifte.

Alter Ab 8 Jahre

Kinder basteln gerne ein winziges Bilderbuch, das sie in einer Streichholzschachtel bequem mit sich tragen können. Biblische Geschichten mit fortlaufender Handlung lassen sich gut auf diese Weise gestalten – z.B. Geschichten von Abraham, Joseph, Mose usw.

So wird es gemacht:

- ☐ Aus einem Bogen Schreibpapier jeweils knapp 3 cm breite Längsstreifen schneiden. Der Streifen muß schmaler sein als die kurze Streichholzschachtelseite.
- ☐ An der linken Schmalseite lassen Sie jeweils einen 1 cm breiten Rand stehen und tragen von dort aus beginnend mehrmals 4,5 cm ab, so daß kleine Bildfelder entstehen. In jedes Bildfeld nun eine Szene der Geschichte malen lassen.
- ☐ Bei Bedarf können auch mehrere dieser Papierstreifen zu einer langen Szenenfolge aneinandergeklebt werden. Nach dem Malen Streifen ziehharmonikaähnlich falten.
- ☐ Anfang und Ende jeweils 1 cm zum Anfassen bzw. Festkleben der Bildergeschichte stehenlassen. Zum Schluß wird die Schachteloberseite mit einem Titelbild beklebt.

Rollenbild und Leporello

Material Gleichformatige, nicht zu große Zeichenblätter, Farben aus dem Deckfarbenkasten oder bunte Filzstifte, Klebstreifen, zwei Holzstäbe, ein Schuhkarton, Pappe, Leinenreste.

Alter Ab 6 Jahre

Ähnlich wie das Bilderbuch aus der Streichholzschachtel lassen sich Bildergeschichten auch „in groß", als Rollenbild oder Leporello, darstellen. Rollenbilder und Leporellos eignen sich gut für Gruppenarbeiten. Jedes Mitglied einer Gruppe wählt eine bestimmte Szene aus und bearbeitet sie. Am Schluß werden alle Bilder in der richtigen Reihenfolge aneinandergelegt. Wenn wir darauf achten, daß alle Bilder das gleiche Format haben, lassen sich solche „Loseblatt-Folgen" zu einem Rollenbild oder zu einem Klappbild bzw. Leporello zusammenkleben.

Das Rollenbild

Die Bildblätter werden in die richtige Reihenfolge gelegt und von hinten mit Klebstreifen zusammengeklebt. An beiden Enden des entstandenen Bildstreifens wird jeweils ein Holzstab (Besenstielstück) so befestigt, daß genügend Platz zum Anfassen übersteht.

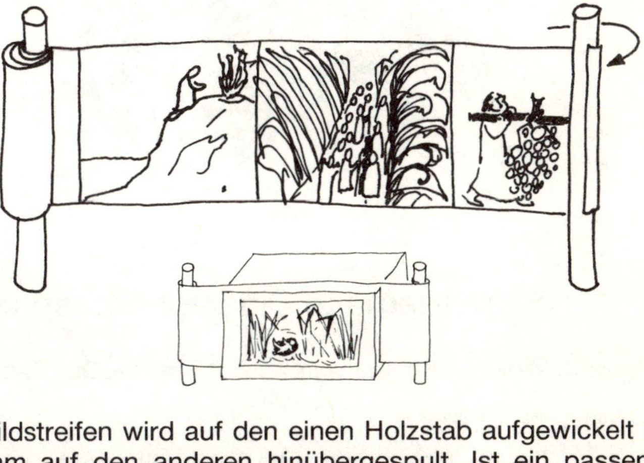

Der Bildstreifen wird auf den einen Holzstab aufgewickelt und langsam auf den anderen hinübergespult. Ist ein passender Pappkarton (Schuhkarton) zur Hand, so wird dieser seitlich jeweils mit einem Schlitz in der Höhe der Papierbahn versehen und der Boden in der Art eines Guckkastens ausgeschnitten. Schon ist die Illusion einer Film- oder Fernsehvorführung fast erreicht!

Das Leporello

Auch in diesem Fall werden die Blätter in der richtigen Reihenfolge aneinandergefügt, jedoch statt sie zu rollen, werden die Bilder an den Nahtstellen so geknickt, daß ein ziehharmonikaähnliches Buch ensteht. Will man das Buch verstärken, so werden die Bilder vorher auf gleichgroße Pappen aufgezogen und diese mit Leinenstreifen oder derbem Klebeband (Tesaborder) aneinandergehängt.

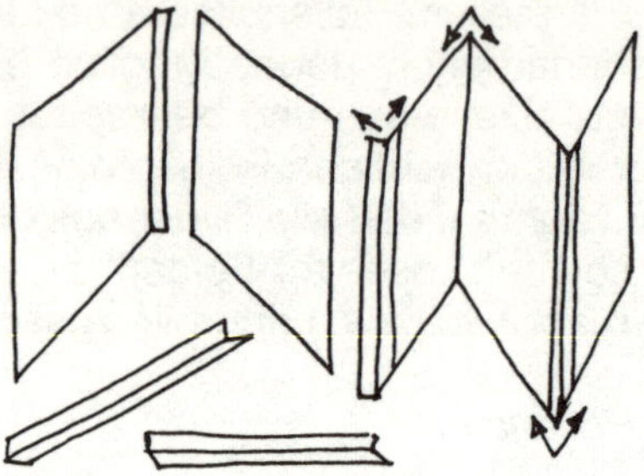

Selbstgemalte Dias auf Transparentpapier

Material Weißes Transparentpapier, Filzstifte, Dia-Rähmchen

Alter Ab 7 Jahre

Der Gedanke, Dias ohne Filme selbst zu malen, ist nicht neu. Gute Erfolge gab es bereits, als mit Glasfarbe auf Digläschen gemalt wurde. Dies Verfahren hat den Nachteil, daß Glasfarben teuer sind, und ihre Verarbeitung wegen der stark riechenden Lösungsmittel schwieriger und nicht ungefährlich ist.

So gehen wir vor:

☐ Gleichgroße Transparentpapierstückchen (ca. 3,5 x 4,5 cm) schneiden.

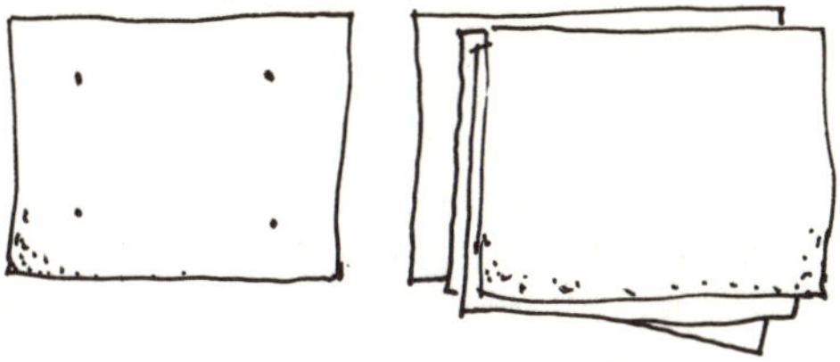

☐ In der Größe des Diaausschnittes wird mit Filzstiften die gewünschte Szene möglichst flächendeckend gemalt. Rundherum bleibt ein kleiner Rand, der später von dem Diarähmchen abgedeckt wird.

☐ Fertige Bilder zwischen zwei Gläschen in einen Diarahmen einlegen, mit dem Projektor an die Wand werfen und gemeinsam betrachten.

Hinterglasbilder – eine alte Technik aus der Volkskunst

Material An den Rändern geschliffene Glasplatte, wasserfester schwarzer Filzstift oder Feder mit Scribtol, Papier, Deckweiß, Plakafarben oder Deckfarben.
Für den Hintergrund: Alufolie oder Pappe, farbiges Tesaband, Aufhänger.

Alter Ab 9 Jahre

Grundschulkinder und ältere Jugendliche malen gerne Hinterglasbilder, vielleicht, weil diese Bilder sehr kostbar aussehen.

Am besten gehen Sie so vor:

☐ Bildentwurf mit schwarzem Stift auf Papier, das die gleiche Größe wie die Glasplatte hat, aufzeichnen.

☐ Pergamentpapier über den Entwurf legen und Linien durchzeichnen.

☐ Pergamentpapier umdrehen und seitenverkehrt unter die vorher mit etwas Spülmittel entfettete Glasscheibe legen.

☐ Mit wasserfestem Stift (oder mit Feder und Scribtol) Umrißlinien vom seitenverkehrten Entwurf auf die Platte übertragen.

☐ Augen, Mund und Nase, auch Strukturen nicht vergessen zu übertragen

☐ Felder ausmalen. Mit viel Weiß werden die Farben dickflüssiger und differenzierter gemischt.

Vgl. Bildteil Nr. 2

☐ Nach dem Trocknen eine Folie oder Pappe auf die Rückseite legen und die vier Ränder entweder mit farbigem Tesaband säumen oder Glasträgerklammern benutzen. Dabei nicht vergessen, einen Aufhänger (Stück Band als Schlaufe) anzubringen.

Entwurf der Umrißlinien auf Papier

auf Pergament durchzeichnen, umdrehen,

auf Glas übertragen

Flächen deckend malen

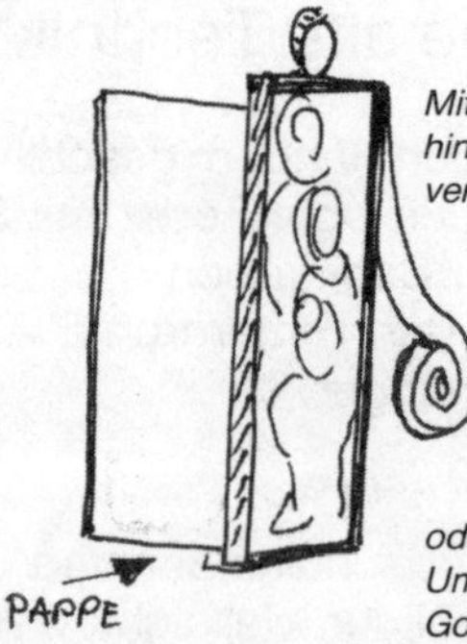

Mit Folie oder Pappe hinterlegen, Aufhänger nicht vergessen, rahmen

oder: einfach losmalen, Umrisse auskratzen, Goldfolie hinterlegen

TIP:

Handwerklich nicht ganz perfekt, aber mit jüngeren Kindern leichter zu bewerkstelligen, gehen Sie so vor:
Lassen Sie direkt und ohne Seitenverkehrung und Umzeichnung auf die Glasfläche malen. Dann, nach dem Trocknen zwischen den einzelnen Flächen, schmale Umrißlinien mit einer Spitze (z.B. Nagel) herauskratzen lassen. Wird das Bild abschließend mit Gold- oder Silberfolie hinterlegt, so schimmern die Umrißlinien metallfarben. Das macht das Weihnachtsmotiv noch festlicher.

Papierbatik

Material Weiße Kerze, Zeichenbogen, Zeitungspapier, Deckfarben, Bügeleisen

Alter Ab 11 Jahre

Sind Sie für eine Jugendgruppe auf der Suche nach einer Technik, bei der auch Überraschungen, unerwartete Ergebnisse möglich sind, dann probieren Sie es mit der Papierbatik. Mit dieser Technik kann man interessante Geschenk- und Glückwunschkarten – beispielsweise für den Weihnachtsbasar – herstellen.

So wird es gemacht:

- ☐ Auf einem Bogen Zeichenpapier mit einer Kerze zeichnen, schreiben und Flächen schraffieren. Dabei muß das Wachs gut eingerieben werden.
- ☐ Danach mit einer hellen Farbe das ganze Blatt übermalen, trocknen lassen.
- ☐ Erneut Flächen mit Wachs überdecken und wieder mit einer etwas dunkleren Farbe überstreichen.
- ☐ Diesen Vorgang mehrmals wiederholen, zuletzt mit der dunkelsten Farbe. Die immer neu mit Wachs abgedeckten Flächen haben die helleren, zuerst aufgetragenen Farbflächen vor dem Übermalen geschützt.
- ☐ Zum Schluß das Blatt zwischen Zeitungspapier vorsichtig bügeln. Zeitung mehrmals wechseln, bis alles Wachs ausgebügelt ist (Abb. siehe nächste Seite).

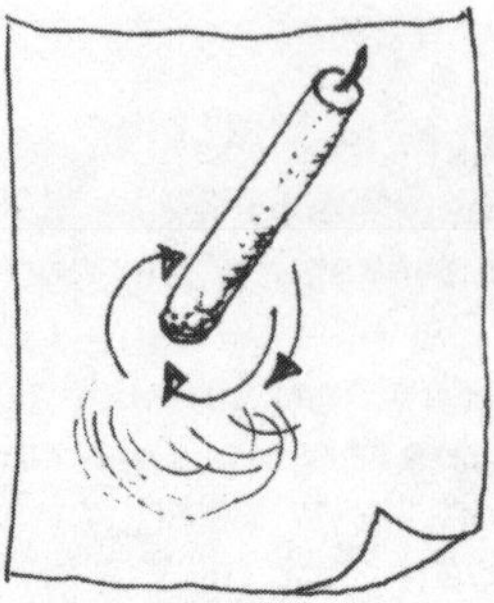

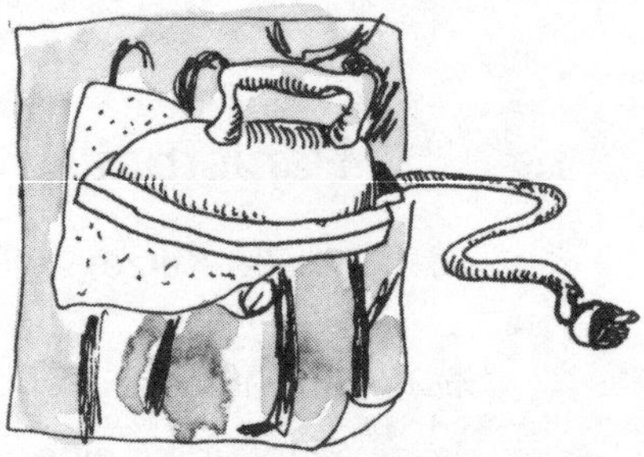
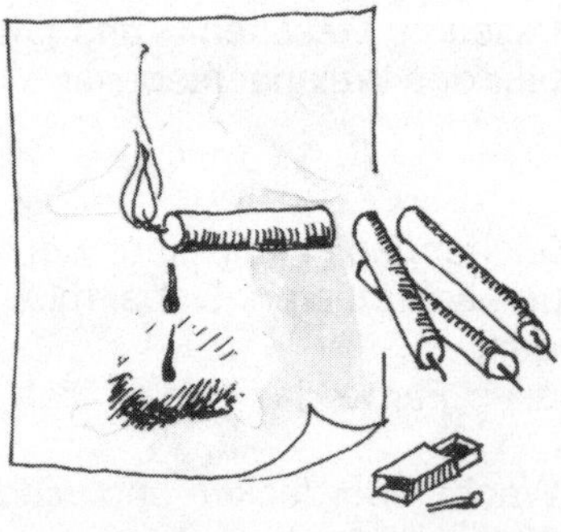

TIP:

Ist die Gruppe klein und im Umgang mit Kerzenlicht achtsam, so kann – wie bei der echten Wachsmalerei auf Stoff – mit Flüssigwachs gearbeitet werden. Einfach Kerzenwachs auf das Papier tropfen lassen und verstreichen.

Das Stempeldruckpapier

Geschenkpapiere kann man nie genug haben, vor allem vor Weihnachten. Wie wäre es, wenn wir unser Geschenkpapier einmal selber machen würden? Fangen wir mit der einfachsten Technik an, dem Stempeldruck. Sind die Stempel vorher von Helfern zugeschnitten, dann können schon ganz kleine Kinder drucken.

Material Für den Stempel: Kartoffel, Korken, Pappe, Radiergummi, Messer, Deckfarbenkasten oder Stempelkissen.
Festes Papier (Pack-, Computerpapier)

Alter Ab 5 Jahre (mit Hilfe)

So wird es gemacht:

- ☐ Stempel schneiden. Wir wählen Motive mit einfachen Konturen, geometrische Figuren oder – zur Weihnachtszeit – Sterne, Glocken, kleine Tannenbäume.
- ☐ Deckfarbe anrühren, Stempel einfärben.

□ Mehrfach in Reihen neben- oder übereinanderstempeln. Das muß nicht mechanisch geschehen, sondern kann rhythmisch und frei sein.

TIP:

Soll ein Stempel später weiterbenutzt werden, ist der aus einem Radiergummi geschnittene zu empfehlen.
Kartoffelstempel müssen nach dem Gebrauch in Wasser gelegt werden, sonst schrumpfen sie.

Kleisterpapier

Material Computer-, Pack- oder festes Schreibpapier, Kleister, Pulverfarben, Flachpinsel.
Zum Kratzen: Kamm, Stöckchen usw.

Alter Ab 8 Jahre

Gute Farbpapiere sind teuer und oft nicht besonders originell. Früher haben vor allem Buchbinder sehr geschmackvolle Papiere selbst hergestellt. Denken wir nur an die schön marmorierten Papiere, die die Buchdeckelinnenseiten schmückten.
Das Herstellen von Farbpapieren macht Kindern und Erwachsenen gleichermaßen Spaß, weil es keine besondere Geschicklichkeit erfordert und doch zu guten Ergebnissen führt. Ein einfaches Farbpapier, das auch schon jüngeren Kindern gelingt, ist das Kleisterpapier.

So wird es gemacht:

□ Die vorher zubereiteten Kleisterfarben (vgl. S. 40) mit breiten Pinseln auf Papiere auftragen.

☐ Mit verschiedenen Gegenständen interessante Muster und Zeichen eindrücken und einkratzen. An den so bearbeiteten Stellen leuchtet das Papier hervor und gibt der Musterung einen eigenen Reiz.

☐ Nach dem Trocknen das sehr wellig gewordene Papier entweder zum Glätten mehrmals über die Tischkante ziehen oder von der Rückseite bügeln.

Kiebitz- und Knitterpapier

Material Papierreste, Farben, Pinsel, alte Zahnbürste

Alter Ab 6 Jahre

Die Namen Kiebitz- und Knitterpapier beschreiben treffend das Muster dieser Schmuckpapiere: Das eine ist gesprenkelt wie Kiebitzeier, das andere erhält ganz einfach seine Struktur durch Knüllen und Knittern eingefärbter Papiere.

So wird es gemacht:

Kiebitzpapier

☐ Farbspritzer auf Papier aufbringen. Das geht am einfachsten, indem mit einem Pinselstiel oder dem Daumen die Borsten einer Bürste etwas zurückgebogen, dann schnell losgelassen werden, so daß Farbpartikel auf das Papier geschleudert werden. Mit ein wenig Ausprobieren und Übung gelingt dies gleichmäßig.

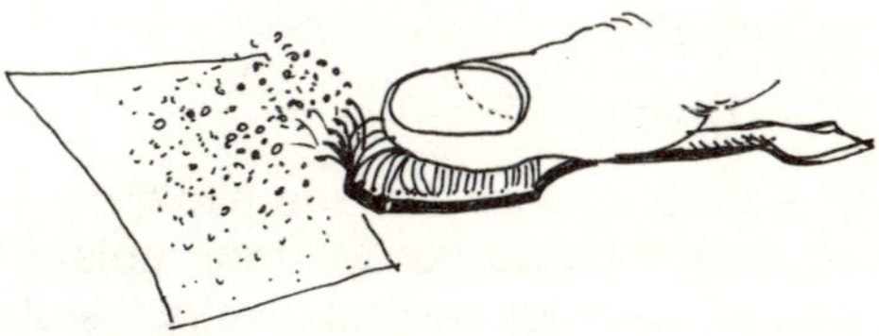

Knitterpapier

☐ Dies Verfahren ist noch einfacher: Zwei mit Farbe bekleckste oder auch gleichmäßig eingestrichene Papiere werden aufeinandergelegt, zusammengeknüllt, geknittert und vorsichtig wieder auseinandergezogen. Trocknen lassen, leicht bügeln.

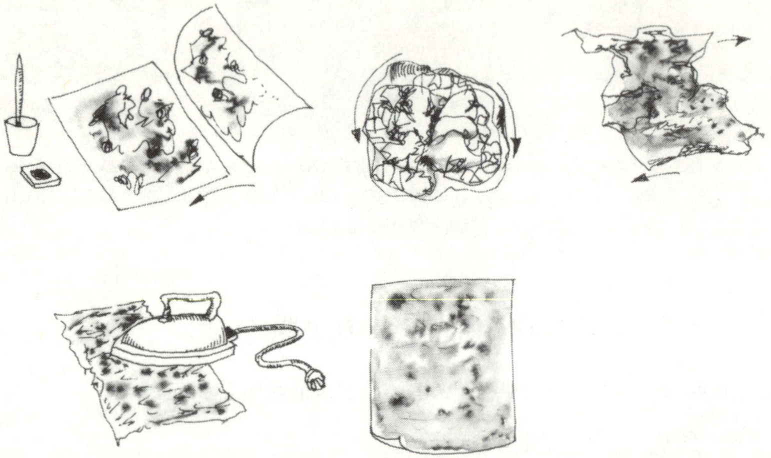

TIP:

Nicht gleich mit mehreren Farben ausprobieren, sondern durch Farbbeschränkung besonders delikate Papiere entstehen lassen.

Öltunkpapier – das Spiel mit dem Zufall

Material Flaches Wassergefäß, Reste von Künstlerölfarben, Terpentinersatz oder anderes Lösungsmittel, Pipette, Pinsel, viele Bogen verschiedener Papiersorten.

Alter Ab 10 Jahre

Das Öltunkpapier ist eine einfache, aber reizvolle Variante des kostbaren türkischen Marmorpapiers. Es entsteht durch Aufsaugen schwimmender, auf der Wasseroberfläche verteilter Farben.

So wird es gemacht:

- ☐ Ein flaches Gefäß, etwas größer als die zu tauchenden Papiere, ca. zweifingerbreit mit Wasser füllen.
- ☐ Mit Pinsel oder Pipette einige Tropfen stark mit Verdünnungsmittel verdünnter Künstlerölfarbe auf die Waseroberfläche träufeln.

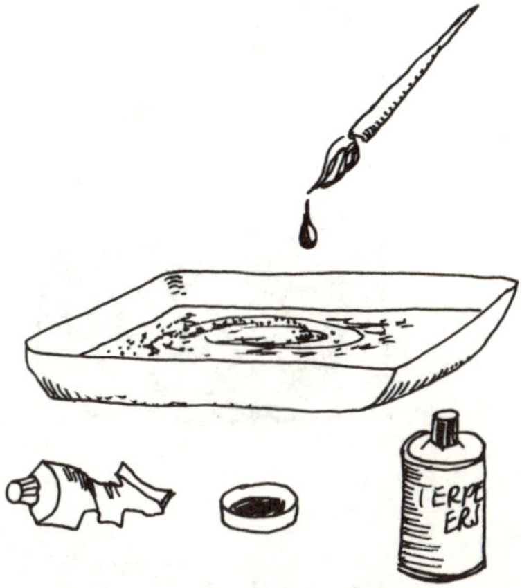

- ☐ Mit einem Pinselstiel die Wasseroberfläche leicht bewegen, bis sich ein schönes Muster ergibt.
- ☐ Nun vorsichtig den Bogen Papier entweder, an einer Seite beginnend, auf die Wasserfläche abrollen lassen oder von der durchhängenden Mitte beide Seiten langsam ablegen. Es ist unbedingt darauf zu achten, daß keine Luftblasen eingeschlossen werden, sonst bleibt an diesen Stellen das Papier unbedruckt.
- ☐ Zum Trocknen legen oder an eine Leine hängen.

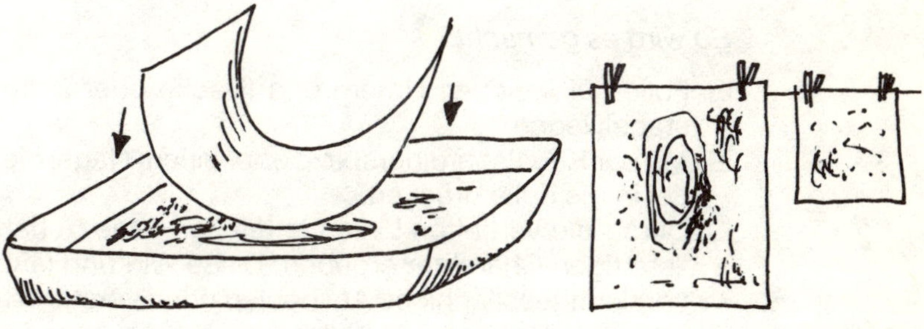

TIP:

Öltunkpapier eignet sich hervorragend für Collagen und um sich mit Feder und Tusche zum Weiterzeichnen anregen zu lassen.

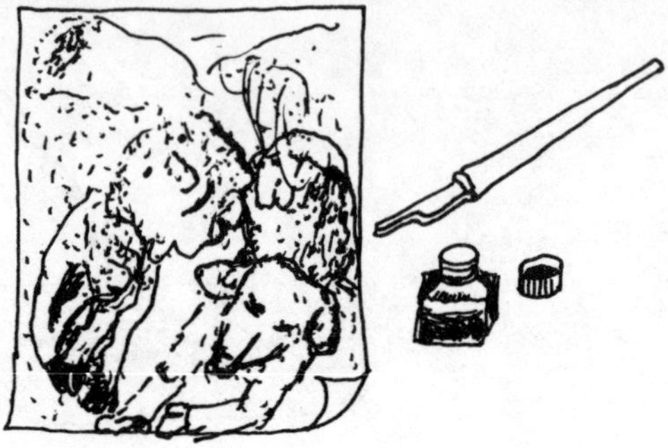

Bilder in Metall drücken

Material Metallfolienstücke, spitzer Stift (Kugelschreiber oder Nagel).

Alter Ab 7 Jahre

Eine sehr schöne und schon von jüngeren Kindern gut zu bewältigende Technik ist das Gestalten mit Metallfolie. Es eignet sich besonders zum Darstellen von christlichen Symbolen, aber auch für klar gegliederte Bildergeschichten.
Metallfolien sind nicht nur in verschiedenen Stärken, sondern auch in Kupfer-, Messing- und Silberfärbung in Geschäften für Bastelbedarf erhältlich.

So wird es gemacht:

☐ Folie auf weichen Untergrund (Decke oder Zeitungspapierstapel) legen.

☐ Mit der Kugelschreiberspitze oder einem Nagel die Zeichnung tief in die Folie drücken.

☐ Durch die vertieften Linien entstehen feine Schatten, die reliefartigen Charakter ergeben. Diese Wirkung läßt sich durch vorsichtiges, flächiges Ausbeulen noch verstärken.

TIP:

Mehrere gleichgroße Folienbilder – vielleicht verschiedene Szenen einer biblischen Geschichte – lassen sich gut zu einem großen Gemeinschaftsbild zusammensetzen (Abb. oben rechts).

Weihnachtsbaumschmuck aus Metallfolie

Material Metallfolienreste, spitzer Stift, Schere, Faden, einzelne Holzperlen.

Alter Ab 6 Jahre (mit Hilfe)

Für den Weihnachtsbasar, zum Basteln in Gruppen, in der Adventszeit in der Schule, immer läßt sich ohne großen Zeit- und Materialaufwand aus Metallfolie sehr wirkungsvoller Weihnachtsbaumschmuck basteln (über das Arbeiten mit Metallfolie siehe auch gegenüberliegende Seite).

Mit kleinen Kindern gehen wir so vor:

□ Mit dem Kugelschreiber oder einem anderen spitzen Stift Weihnachtsmotive, wie z.B. Sterne, Vögel, Krippenfiguren auf die Folie zeichnen und ausschneiden.

☐ Mit einer Nadel Loch für den Aufhänger stechen, Faden durchziehen, Enden verknüpfen.

☐ Noch kostbarer wirken die Figuren, wenn mit Punkten und Ornamenten die Flächen strukturiert werden.

Mit älteren Kindern machen wir es anders:

☐ Eng und exakt gefaltete Folienstücke an den Enden mehrfach einschneiden und über eine Messer- oder Scherenkante ziehen, bis sie sich einrollen.

☐ In der Mitte durchstechen, Faden mit Perle einziehen und zu Aufhänger verknüpfen.

Tonanhänger für das Gemeindefest

Material Ton, Nudelholz oder leere Flasche zum Auswellen, Messer, Plätzchenausstechformen, auch Plätzchenmodel (Blumenmotiv, Stern etc.)

Alter Ab 10 Jahre

Gemeindefeste gehören zum festen Programm vieler Kirchengemeinden. Familien, Erwachsene und Kinder kommen zu Spiel und Unterhaltung zusammen. Dabei werden Wettspiele oft mit Süßigkeiten oder kleinen Geschenken prämiert. Als kleine Gaben haben sich Anhänger aus gebranntem Ton bewährt, die von Jugendgruppen in größeren Mengen hergestellt werden können. Jedes Jahr mit einem anderen Motiv versehen, gelten sie als Zeichen, „daß man dabei war", und werden gesammelt.

So werden sie gemacht:

- ☐ Nicht ganz fingerdicke Tonplatten ausrollen. Sie dürfen nicht an der Tischplatte festkleben! (Zum Arbeiten mit Ton siehe auch Seite 46 ff.)
- ☐ Mit dem Ausstecher, einem Model, oder auch nur mit einer Pappschablone viele gleichförmige, gleichgroße Anhänger ausstechen und mit Mustern verzieren.
- ☐ Jeder Anhänger wird gelocht, zum Trocknen gelegt und später gebrannt.
- ☐ Nicht vergessen, beim Trocknen und Brennen schwindet Ton, auch die Aufhängerlöcher werden enger!

ANHANG

FÜR ALLE, DIE ES GENAUER WISSEN WOLLEN

Kleiner Zeichenkurs

Um eine biblische Geschichte schön und aussagestark zu illustrieren, braucht man zuvor keinen Zeichenkurs zu absolvieren. Wer intuitiv zeichnet, wird sich wenig um Perspektive oder Proportionen kümmern und dennoch interessante Bilder gestalten. Viele Jugendliche und Erwachsene jedoch haben das Bedürfnis, naturgetreu zu zeichnen. Sie suchen nach Anleitung, möchten genauer wissen, wie man Häuser, Gestalten, Gesichter „richtig" ins Bild setzt. Der nachfolgende kleine Zeichenkurs möchte die Fragen beantworten, mit denen ein Gruppenleiter erfahrungsgemäß am häufigsten konfrontiert wird.

Häuser, Straßen, Städte – räumliches Zeichnen

Biblische Geschichten spielen sich nicht nur in freier Natur, an Weggabelungen, unter Bäumen, in einem Tal oder auf einem Berg ab. Viele Szenen tragen sich auch auf Straßen, vor Häusern oder gar – wie die Geschichte von der Heilung des Gelähmten – in Innenräumen zu.
Wie skizzieren wir schnell und mit annähernd richtiger Verkürzung?

Zwei Möglichkeiten, perspektivisch zu zeichnen, bieten sich an:

- ☐ die sehr einfache Kavaliersperspektive (Parallelperspektive)
- ☐ und die Zentral- oder Fluchtpunktperspektive

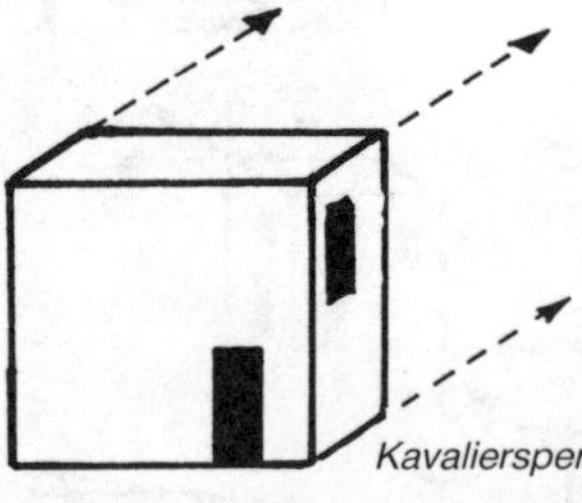

Kavaliersperspektive

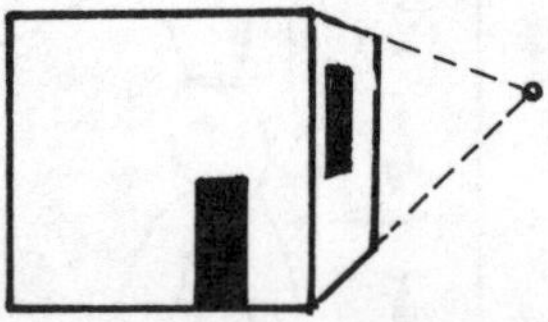

Zentralperspektive

TIP:

Erleichtert wird das räumliche Zeichnen biblischer Siedlungen dadurch, daß ihre Häuser – im Gegensatz zu Gebäuden in unseren Breiten – Flachdächer haben.

Kavaliersperspektive

Die Kavaliersperspektive ist eigentlich keine echte Perspektive. Sie täuscht diese nur vor, ist aber leicht zu zeichnen und sehr wirkungsvoll.
Merkmal der Kavaliersperspektive: Alle Tiefenlinien laufen parallel.

So gehen wir vor:

Aufriß zeichnen

gewünschten Winkel für Tiefenlinien wählen

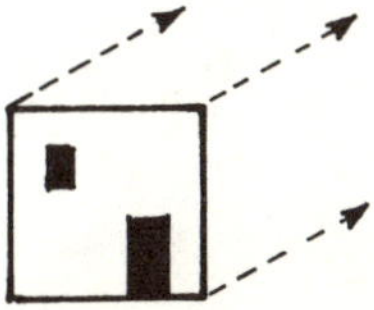

alle Tiefenlinien im Winkel antragen

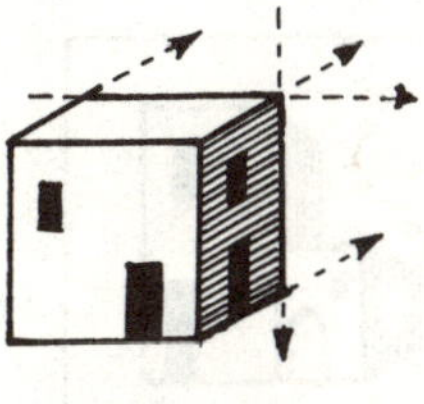

gesuchte Tiefe jeweils antragen und Schnittpunkte verbinden

Zentralperspektive mit einem Fluchtpunkt

Wie werden Häuser an einer in die Bildtiefe führenden Straße richtig verkürzt? Viele Zeichenanfänger haben Schwierigkeiten, räumlich „richtig“ zu zeichnen. Sie spüren zwar, daß etwas nicht stimmt, wissen aber nicht, woran es liegt.

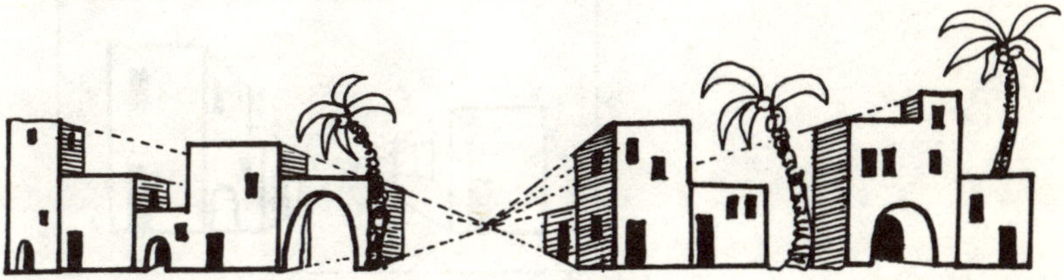

So könnte man vorgehen:

- ☐ Vorderfront zweier sich etwa an den beiden Straßenseiten gegenüberliegender Häuser zeichnen. Irgendwo zwischen ihnen einen Fluchtpunkt annehmen.

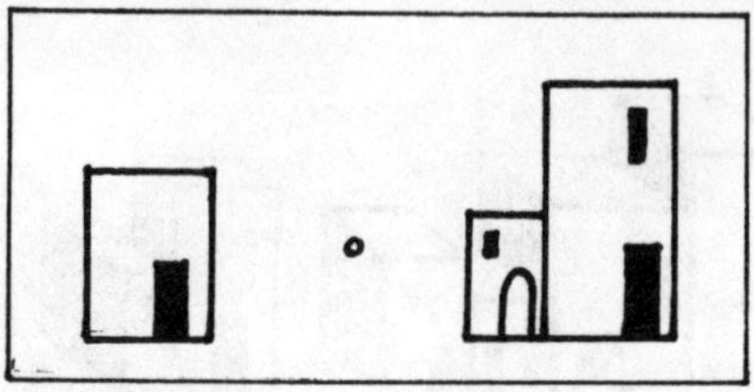

- ☐ Die zum Fluchtpunkt hin liegenden Hauskanten bzw. Eckpunkte mit diesem verbinden.

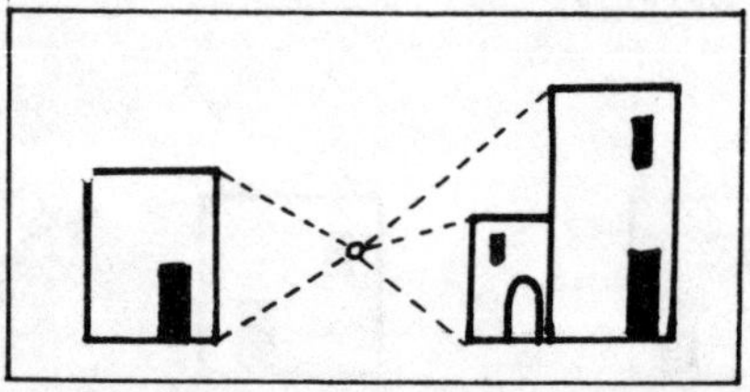

- ☐ Auf den Verbindungslinien die Haustiefe antragen, Kanten verstärken, Fluchtlinien wegradieren.

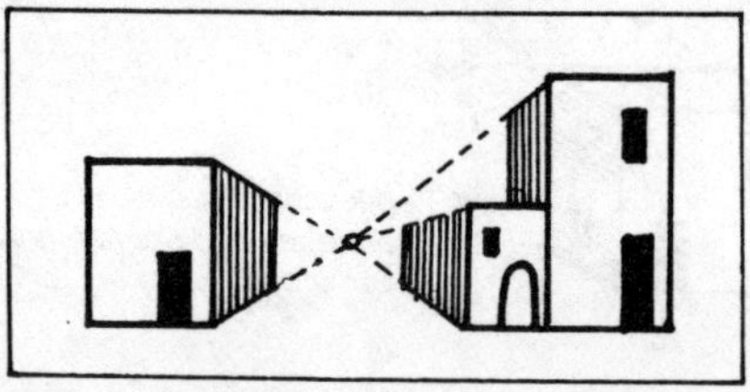

- ☐ Fenster, Türen und Torbogen der verkürzten Hausseiten werden ebenso zum Fluchtpunkt hin verändert wie die Hausseitenkanten.

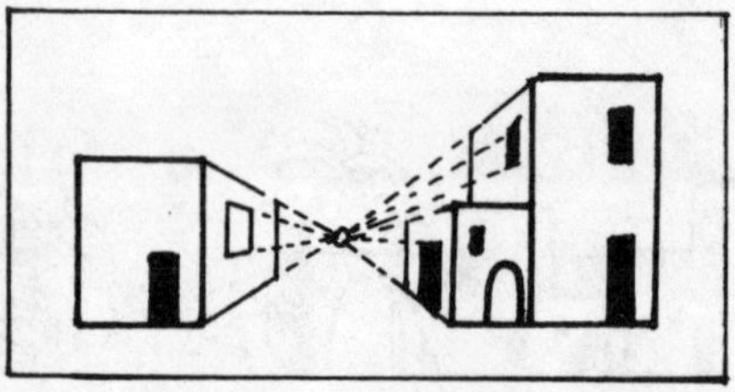

Durch Verlegung des Fluchtpunktes nach oben oder unten entsteht die sogenannte Vogel- bzw. Froschperspektive.

Vogelperspektive

Bei der Vogelperspektive ermöglicht der hochgelegte Fluchtpunkt den Blick auf die Dächer.

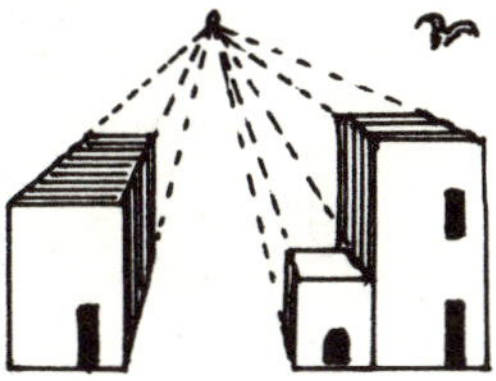

Froschperspektive

Die Froschperspektive verlagert den Standpunkt des Betrachters weit nach unten.

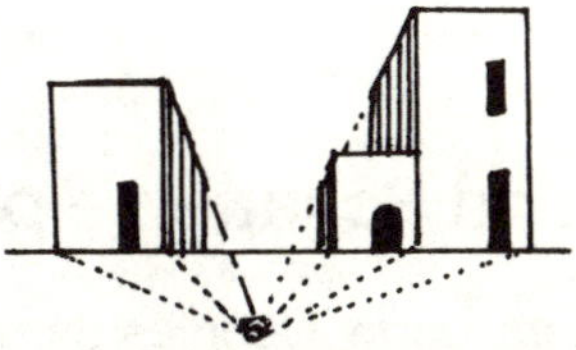

Natürlich läßt sich der Fluchtpunkt auch nach rechts oder links verschieben, woraus sich eine breitere Aufsicht auf Hauswände ergibt.

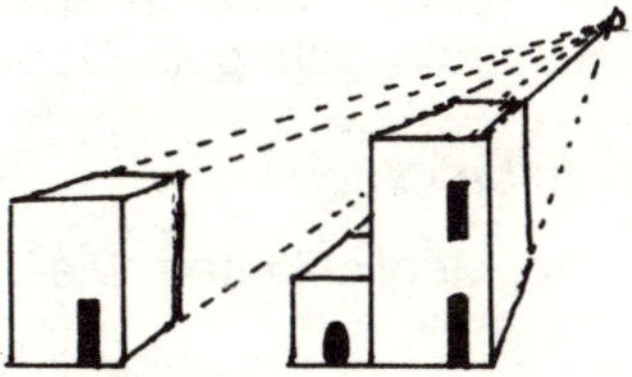

Zentralperspektive mit mehreren Fluchtpunkten

Für Könner und Liebhaber der Perspektive sei schließlich noch die Möglichkeit der Perspektive mit mehreren Fluchtpunkten erwähnt.

Ganz einfach ist es, mit Hilfe eines angenommenen Fluchtpunktes die Perspektive von Innenräumen zu zeichnen.

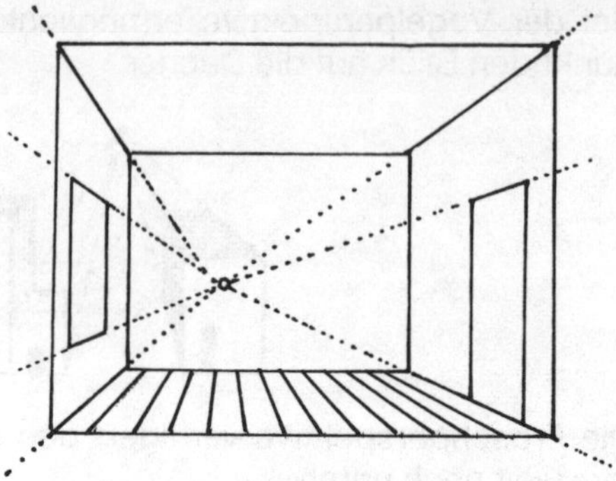

Licht und Schatten – plastisches Zeichnen

Spätestens dann, wenn es darum geht, einen Körper, ein Gefäß – z.B. eine Amphore oder Vase – einigermaßen naturgetreu darzustellen, taucht die Frage auf: Wie gehe ich richtig mit Licht und Schatten um? Wie zeichne, male ich plastisch?
Eine Lichtquelle beleuchtet Gegenstände, läßt diese aber auch Schatten werfen. Dadurch erscheint der Gegenstand vollplastisch. Schatten, richtig angebracht, täuschen das Auge.

Was ist zu beachten?

Es gibt drei Möglichkeiten, wie Licht auftreffen kann:

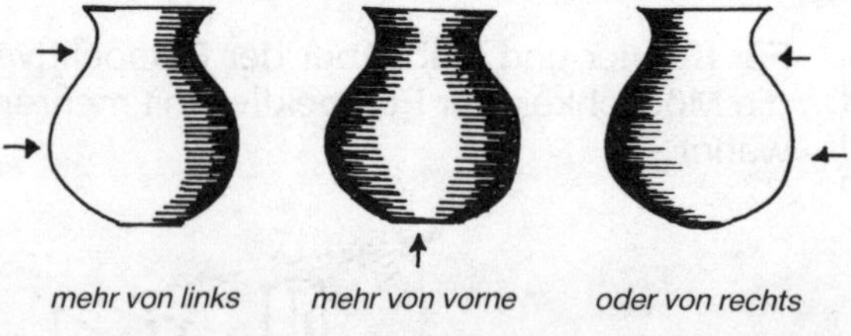

Wichtig ist, daß bei gleichzeitiger Abbildung mehrerer Gegenstände die Lichtquelle einheitlich von einer Seite erhellt. Folglich befinden sich auf der abgewandten Seite alle Dunkelheiten.

Gesteigert wird diese optische Wirkung beispielsweise an Gefäßen, wenn sowohl die Öffnung als auch die gerundete Bodenkante in Aufsicht dargestellt wird, und wenn Dunkelheiten durch Parallelschraffuren – der Rundung entsprechend – gezeichnet sind. Je mehr Schraffuren übereinander, desto dunkler der Schatten.

Körper und Köpfe

Strecken, bücken, laufen

Das Zeichnen menschlicher Figuren erscheint oft als zu schwer. Dabei ist es gar nicht so schwierig, sich einmal über die Konstruktion des menschlichen Körpers, seiner Proportionen und Bewegungsabläufe klarzuwerden und sie dann einigermaßen zeichnerisch beherrschen zu lernen.

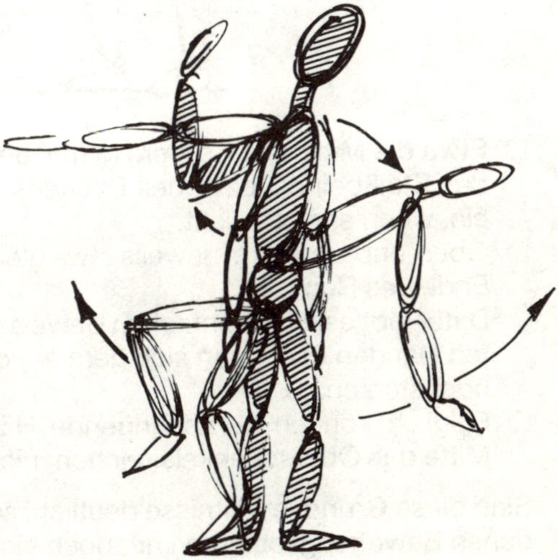

Bei aller Beweglichkeit müssen Proportionen und Größenverhältnisse immer beibehalten werden. So wäre es beispielsweise ein Unding, überlange Hände an langen Armen bis über die Kniekehlen reichen zu lassen und winzige Füße zu zeichnen, die einen stämmigen Körper unmöglich tragen könnten.
Achtet man auf diese Zusammenhänge, so lassen sich elementare, auf den ersten Blick erkennbare Fehler leicht vermeiden.

Das sollten wir wissen:

☐ Kopf und Hals des aufrecht stehenden Menschen passen 6–7 mal in den ganzen Körper.

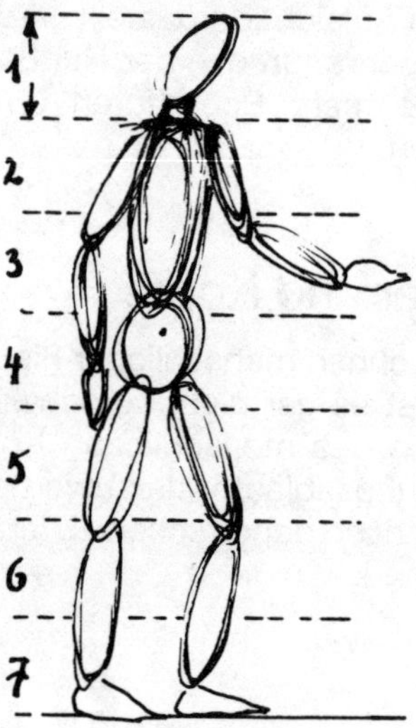

☐ Etwa die Mitte des Körpers (3 mal der Kopf) liegt in der Höhe des Steißbeines, bzw. des Beckens. Hier knickt der Mensch ein, wenn er sich bückt.

☐ Ober- und Unterarm, jeweils etwa gleich lang, hängen bis zum Ende des Rumpfes.
Dafür gibt es einen einfachen Beweis: Mit flachen, aufgestützten Händen kann man sich gerade von einer Sitzfläche leicht hochstützen.

☐ Folglich können herabhängende Hände höchstens bis zur Mitte des Oberschenkels reichen, nicht weiter!

Sind diese Grundverhältnisse deutlich, so ist es zu den verschiedenen Bewegungsabläufen nur noch ein winziger Schritt:

□ Gelenke sind Achsen. Um diese drehen sich Gliedmaßen beim Beugen und Strecken.

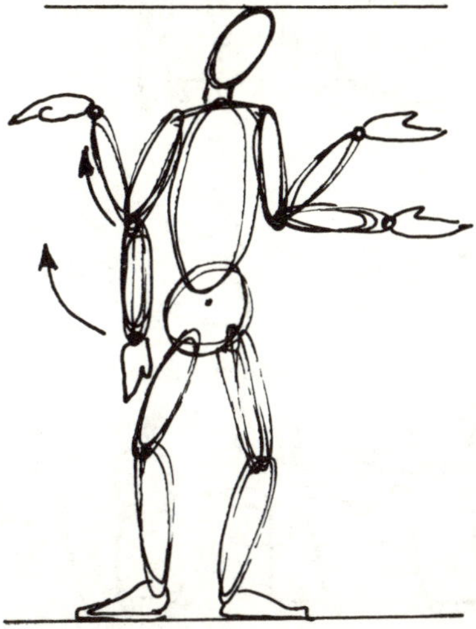

□ Ober- und Unterarme, Ober- und Unterschenkel kreisen an diesen Gelenken, ohne daß sich die Größenverhältnisse ändern würden.

□ Richtig abgewinkelte Oberkörper und Gliedmaßen ergeben den Sitzenden, den Knienden, den sich Verbeugenden, den Steigenden und Laufenden.

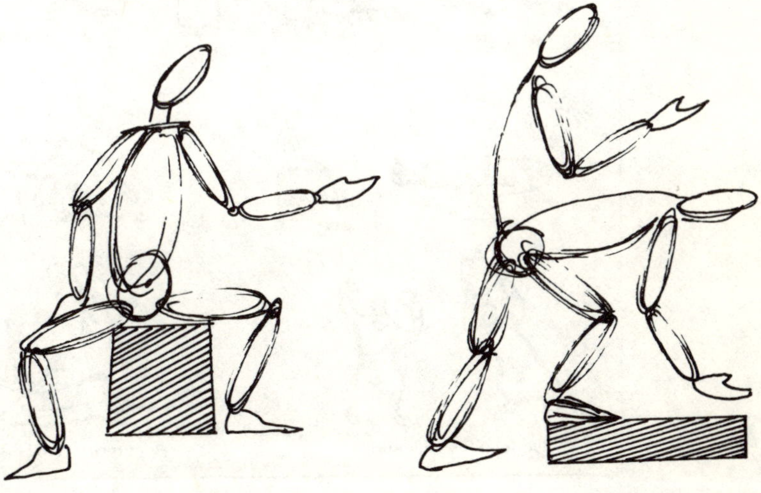

Gruppe
groß – klein
im Gespräch
niedergeworfen
bittend – betend
gebeugt
tragend
Wasserträger
verschiedene Gesten
Lasten tragend
Soldaten
Hirte
gehen – steigen
liegend
sitzend
leidend
werfend – steinigend
Boot rudernd mit Fischernetz

Haltungen, Gesten, Gruppierungen

Dieses Grundschema der Menschendarstellung kann nun, wenn Menschengruppen dargestellt werden sollen, beliebig variiert und abgewandelt werden: kurze, dicke Figuren neben langen, schlanken.

Das Menschenzeichnen gelingt um so besser, je freier wir uns mit großzügig kreisenden Ovalen langsam der gewünschten Form annähern (vgl. S. 29).

Ist es dabei nicht auch ganz beruhigend zu wissen, daß biblische Gestalten meist in lange, weite, alles verdeckende Gewänder gehüllt waren?

Auf der gegenüberliegenden Seite finden Sie einige Anregungen zum Figurenzeichnen.

Punkt, Punkt, Komma, Strich

So einfach, wie es der alte Kinderreim nahelegt, wollen wir uns das Kopf- und Gesichterzeichnen nicht machen. Mit ein paar gedachten Hilfslinien können wir uns das Köpfezeichnen erleichtern:

So gehen wir vor:

- ☐ Das locker geschwungene Kopfoval denken wir uns der Länge nach halbiert und zweimal quergeteilt (Abb. a).
- ☐ Die obere Hilfslinie markiert die Augenbrauenlinie. In ihrem Schnittpunkt mit der Senkrechten entspringt die Nasenwurzel. Der Nasenrücken reicht bis zur zweiten Hilfslinie. Hier etwa müsen auch die Nasenlöcher markiert werden (Abb. b).
- ☐ In gleicher Höhe – und ebenso lang wie die Nase – können die Ohren gezeichnet werden (Abb. c).
- ☐ Für den Mund wird eine Dreiteilung – diesmal der unteren Gesichtspartie – angenommen. Der Mund befindet sich etwa in Höhe der gedachten Hilfslinie. Augen knapp unter den Augenbrauen jeweils auf der Mitte der beiden Gesichtshälften antragen (Abb. d).

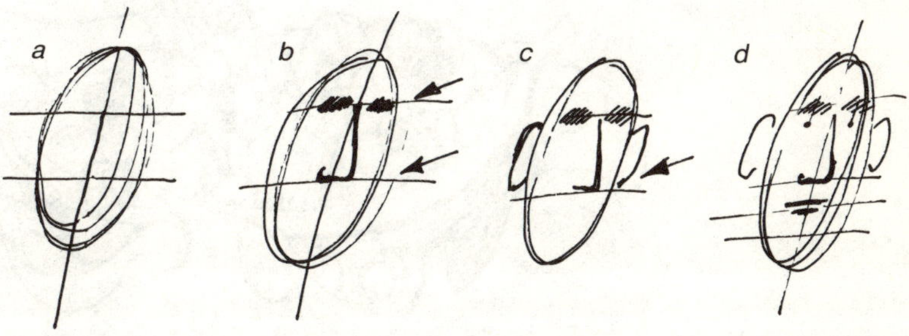

Dies Grundschema kann vielfältig abgewandelt werden, je nachdem, ob ein Gesicht von vorne (en face), von der Seite (en profil) oder in Dreiviertelansicht dargestellt werden soll.

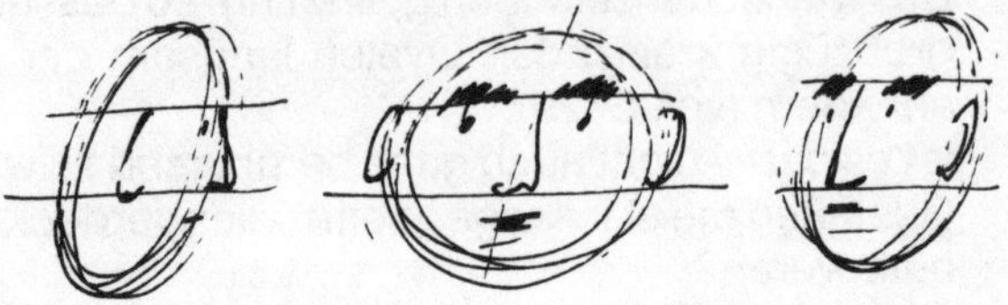

Glatzen, Locken, Bärte

Auf mittelalterlichen Tafel- und Wandbilderfolgen sind Heilige – um sie kenntlich zu machen – mit symbolischen Gegenständen ausgestattet. Man unterschied sie auch nach Gewandfarben und -formen und natürlich nach ihren Bart- und Haartrachten.
Bei der Darstellung einer Gruppe von Menschen wäre es zu eintönig, sie alle gleich, nur in Größe und Breite unterschieden, zu gestalten. Viel Abwechslung in der Darstellung verschiedener Menschentypen bieten unterschiedliche Haartrachten und die Andeutung ihrer Mimik.
Mimik sollten wir nur mit Maßen verwenden: lachende, weinende, nachdenkliche Gesichter werden allzuleicht überzeichnet, werden zu Karikaturen. Biblische Gestalten sollten nicht karikiert werden! Ein leichtes Anheben der Brauen, das Senken eines Mundwinkels genügt als Andeutung.

Der Linolschnitt

Verschiedene Schnittmöglichkeiten

Der Weißlinienschnitt

Die schnellste und einfachste Methode, einen Linolschnitt herzustellen, ist der Weißlinienschnitt. Hierbei werden alle Linien der Vorzeichnung nachgeschnitten. Das bedeutet, daß beim Einwalzen diese vertieften Linien von Farbe freibleiben und nicht drukken. Die ganze Platte wird flächig abgedruckt, die herausgeschnittenen Linien bleiben weiß.

Vgl. Bildteil Nr. 31 u. 32

Charakteristisch für diese Schnittechnik ist die starke Betonung der druckenden Flächen.

Der Stegschnitt

Umgekehrt ist es beim Stegschnitt. Hier bleiben von der gesamten Plattenoberfläche nur die Linien als Grate stehen, die drucken sollen. Alle anderen Flächen werden weggeschnitten. Das be-

deutet nicht nur mehr Schneidearbeit als beim Weißlinienschnitt, sondern auch, daß möglichst gleichmäßig abgetragen werden muß, damit die Platte nicht bricht. Die graphische Wirkung überwiegt.

Der Flächenschnitt

Diese Technik ist durch den Wechsel von größeren ausgeschnittenen Flächen mit nicht ausgeschnittenen, also erhabenen Flächen charakterisiert. Der Flächenschnitt erhält seine Wirkung durch den Wechsel von etwa gleichviel druckenden wie nicht druckenden Flächen.

Vgl. Bildteil Nr. 33

Der kombinierte Linolschnitt

Selbstverständlich lassen sich alle drei Techniken – der Weißlinien-, der Steg- und der Flächenschnitt – gut miteinander verbinden. Mit dem kombinierten Linolschnitt lassen sich sehr eindrucksvolle Hell-dunkel-Wirkungen erzielen.

Vgl. Bildteil Nr. 34

Verschiedene Druckmöglichkeiten

Nur mit einer einzigen Druckplatte zu drucken, muß nicht bedeuten, daß nur einfarbig – womöglich nur schwarz – gedruckt werden kann.
Drucken wird erst interessant, wenn mehrfarbig gedruckt wird, wenn mit Druckfarben experimentiert wird.
Es gibt verschiedene Möglichkeiten, von einer Platte mehrfarbige Abzüge herzustellen.

Farbdruck auf weißem Papier

Der erste Schritt zum farbigen Drucken ist, die Druckplatte statt mit Schwarz mit einer beliebigen anderen Farbe einzuwalzen und zu drucken. So können verschiedene Farben auf jeweils einem weißen Bogen Papier gedruckt werden.

Farbig unterlegter Druck

Wird statt auf weißem Papier auf getöntem gedruckt, so entsteht eine ganz neue Wirkung. Zum Beispiel wäre auch denkbar, mit weiß oder mit Farben auf dunklerem Untergrund zu drucken. Der Phantasie sind keine Grenzen gesetzt.

Vgl. Bildteil Nr. 32

Ist kein farbiges Papier zur Hand, kann ein farbiger Untergrund ganz einfach selbst hergestellt werden:

- ☐ Färben Sie die gewünschte Farbfläche auf dem Papier mit gleichmäßigen Walzenzügen in einer zweiten Farbe ein, lassen sie trocknen und überdrucken später.
- ☐ Oder Sie drucken eine ungeschnittene zweite Linolplatte als Farbfläche, die sie später mit dem eigentlichen Druck überdecken.

Der verschobene oder Schattendruck

Dies Verfahren ist sehr einfach: Zuerst wird mit einer hellen Farbe gedruckt, dann die Platte ein zweites Mal mit einer anderen Farbe eingewalzt und – um einige Millimeter verschoben – über den ersten Abzug gedruckt.

Das Charakteristische dieser Druckart ist die Schattenwirkung seiner Linien.

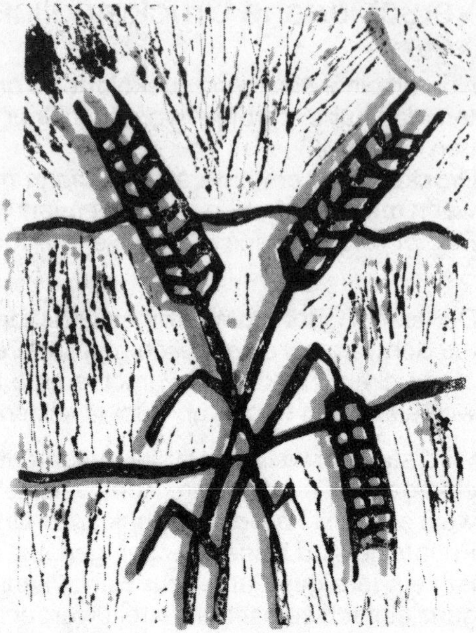

Vorgetäuschter Mehrfarbendruck

Von Edvard Munch, dem berühmten norwegischen Maler und Holzschneider des Expressionismus sind Druckplatten bekannt, die wie Puzzles zersägt sind. Munch hat die Einzelteile jeweils in verschiedenen Farben eingewalzt und beim Druck wieder zu einem Ganzen zusammengesetzt. Mit diesem Trick schaffte er es, von nur einer zersägten Holzplatte in vielen Farben zu drukken.

Dieses Verfahren ist jedoch sehr aufwendig. Es läßt sich aber – sehr stark vereinfacht – nutzen, indem wir einfach verschiedene Flächen einer Platte mit verschiedenen Farben einfärben.

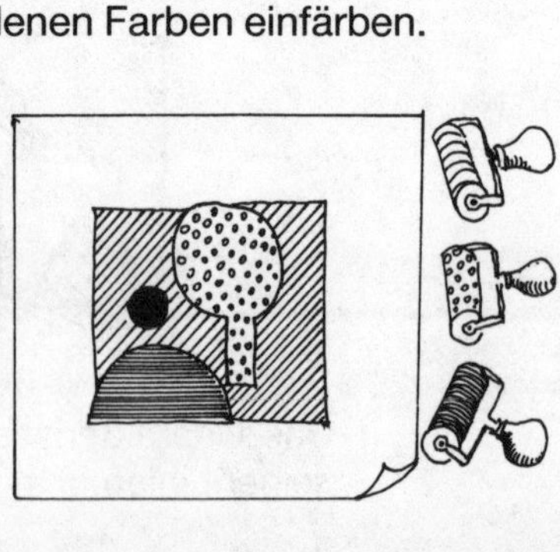

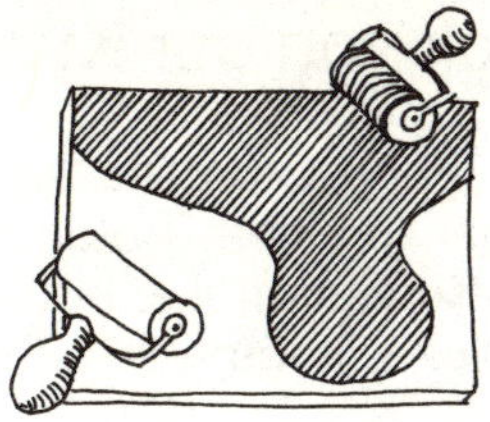

So wird es gemacht:

Sie walzen vorsichtig mit einer Farbe einen Ausschnitt der Platte ein, wechseln darauf die Walze und färben andere Teile der Platte mit einer weiteren Farbe ein. Wichtig ist nur, daß Sie mit der einen Farbe nicht in den anders gefärbten Plattenteil hineinschmieren. Dieser Vorgang ist auch mit vier bis fünf verschiedenen Farben möglich, wenn nur achtsam genug eingewalzt wird und die zu färbenden Flächen nicht zu klein im Verhältnis zur Walzengröße sind.

Der Mehrfarbendruck von mehreren Platten

Neben all den bisher vorgestellten einfacheren Tricks, von nur einer Platte doch zu einem mehrfarbigen Druck zu gelangen, soll der echte Mehrfarbendruck von mehreren Druckplatten wenigstens kurz vorgestellt werden. Dieser richtige Mehrfarbendruck ist aufwendiger, da für jede zu druckende Farbe ein eigener Druckstock hergestellt werden muß. Jede Platte druckt nur einen kleinen Teil des Bildes und ist für sich allein gedruckt ohne jeden Wert. Erst im Zusammen- bzw. Übereinanderdruck aller Platten entsteht das vollständige Bild. Dennoch lohnt der Aufwand, denn mehrfarbige Drucke sind sehr reizvoll.

Vgl. Bildteil Nr. 33 u 34

So müßte man vorgehen:

- Aus dem mehrfarbigen Entwurf von jeder Farbe einen Bildauszug auf Transparentpapier herauszeichnen, umgekehrt auf eine Platte übertragen (vgl. S. 69 f.). Für einen Dreifarbendruck sind drei Platten nötig, für einen Fünffarbendruck fünf Platten usw.
- Sind alle Platten geschnitten, so werden sie nacheinander – mit der hellsten Farbe beginnend – (vgl. S. 71 ff. und Tip S. 77) übereinandergedruckt. Achtung: Von einer Farbe zur nächsten muß genügend Zeit zum Trocknen bleiben. Die Platten müssen sehr genau übereinandergepaßt werden, damit nicht verschobene und damit unbrauchbare Drucke entstehen!
- Mehrfarbig drucken kann man mit dem Linolschnitt ebensogut wie mit dem Pappenhochdruck (vgl. S. 76).

Tiefdruck von der Kunststoffolie

Falls eine Tiefdruckpresse zur Verfügung steht, können wir uns auch einmal an einem Tiefdruck versuchen. Wir brauchen dazu ein Stück Kunststoffolie, notfalls genügt eine feste Plastiktüte, und eine dicke Stopfnadel oder einen Nagel.

So gehen wir vor:

- ☐ Entweder ohne Vorzeichnung direkt mit einer Nadel in ein Stück Kunststoffolie Linien einritzen, oder, falls die Folie durchsichtig ist, Entwurf unterlegen und nachritzen.

- ☐ Nie vergessen: Radierungen drucken seitenverkehrt!
- ☐ Achten Sie darauf, daß die Rillen tief genug eingegraben werden, damit sie genügend Farbe aufnehmen.
- ☐ Mit einem Lappen Druckfarbe in die Rillen einreiben. Von der Plattenoberfläche dagegen wird alle Farbe vorsichtig abgewischt.

- ☐ Angefeuchtetes Tiefdruckpapier auf die Platte legen und in der Druckpresse drucken.

Weiterführende Literatur

Vielleicht hat der eine oder andere nun Lust bekommen und möchte gerne noch mehr über die einzelnen Techniken erfahren – sei es, um daraus für sich selber Gewinn zu ziehen, sei es, um sich weiter anregen zu lassen für die Arbeit in der Gemeinde.
Im folgenden sind zu allen besprochenen Techniken einige grundlegende Bücher aufgeführt, die sich als praktikabel erwiesen haben.

Zeichnen:

Koschatzky, Walter: Die Kunst der Zeichnung. Technik, Geschichte, Meisterwerke. 1981. dtv-Taschenbuch Kunst 2867.

Malen:

Koschatzky, Walter: Die Kunst des Aquarells, Technik, Geschichte, Meisterwerke. 1985. dtv-Taschenbuch Kunst 2892.

Formen:

Stokar, Anneliese u. Gerd von: Töpfern – mein Hobby. 1980. Humboldt Taschenbuch 384.

Leber, Hermann: Plastisches Gestalten. Künstlerische und technische Grundlagen. 1979. DuMont-Taschenbücher Bd. 84.

Gestalten:

Eid, Klaus: Collage und Collagieren. Anregungen für Schule und Freizeit. 1981. Don Bosco Verlag München.

Drucken:

Klein, Heijo: DuMont's kleines Sachwörterbuch der Drucktechnik und grafischen Kunst. 1981. DuMont-Taschenbücher Bd. 15.

Koschatzky, Walter: Die Kunst der Graphik, Technik, Geschichte, Meisterwerke. 1980. dtv-Taschenbuch Kunst 2868.

Schreiben:

Salberg-Steinhardt, Barbara: Schrift: Entwicklung – Gestaltung – Funktion. 1983. DuMont-Taschenbücher Bd. 133.

Figurentheater:

Schlamp, Reiner: Rot und Blau ist dem Kasperl sei Frau. Figurentheater in der Schule und Freizeit. 1981. Don Bosco Verlag München.

Buntpapier:

Grünebaum, Gabriele: Buntpapier. Geschichte – Herstellung – Verwendung. 1982. DuMont-Taschenbücher Bd. 120.

Hinweisen möchten wir außerdem auf ein Buch, das besonders beim zeichnerischen Gestalten biblischer Themen sehr hilfreich ist: Kurt Bätz/Rudolf Mack: Sachbilder zur Bibel – Vorlagen zum Zeichnen. 1984. Kaufmann/Kösel.

Chemie in Mal- und Bastelmaterialien

Bleistifte:

enthalten kein Blei, sondern bestehen aus einer Ton-Graphit-Mine und sind daher ungiftig;
Achtung: nicht an Bleistiften herumknabbern, da die lackierte Oberfläche gesundheitsschädigende Pigmente enthalten kann.

Deckfarben:

mit Wasser anzurührende Farben sind umweltfreundlicher als lösemittelhaltige Lacke; allerdings sollten sie nicht in den Mund gelangen: Pinsel nicht ablecken, nie den gleichen Becher, der zum Anrühren der Farbe diente, danach wieder als Trinkbecher benützen.

Dispersionsfarben:

Acryllacke; umweltschonend, weil sie keine oder wesentlich weniger organische Lösungsmittel enthalten als Lackfarben; riechen nur schwach und sind, solange sie frisch sind, mit Wasser abzuwaschen.

Farbpulver:

mit Wasser anzurühren und daher umweltschonender als lösemittelhaltige Lacke.

Filzstifte:

enthalten Konservierungsstoffe, künstliche organische Farbstoffe und feine Pigmente zum Färben; sollten keinesfalls in den Mund gelangen oder auf empfindliche Hautstellen (Gesicht).

Fimo:

besteht aus einem Kunststoff, der bei Zimmertemperatur leicht verformt werden kann; nach dem Erhitzen im Backofen erhärtet er sich; sollte ein gebackenes Stück in den Magen gelangen, kann es innere Verletzungen auslösen; enthält große Mengen an Oktylphthalat (Weichmacher), ist damit ökologisch bedenklich.

Fingerfarben:

enthalten organische Farbmittel; nicht in den Mund nehmen, um eine Gefährdung der Schleimhäute zu vermeiden, nicht in die Augen geraten lassen; nach dem Malen Flecken mit Wasser auswaschen, angetrocknete Reste können ohne Bedenken in den Hausmüll gegeben werden.

Klebstoff:

eingetrocknete Reste können in den Hausmüll gegeben werden; Klebestifte, Gummierungen und Kleister sind gesundheitlich unbedenklich; Kontaktkleber und Alleskleber dagegen enthalten organische Lösemittel, die auf das zentrale Nervensystem wirken; Sprühkleber enthalten umweltschädliches Treibgas.

Kleister:

Tapeten- und Bastelkleister gilt als gesundheitlich unbedenklich; eingetrockneter Kleister wird durch Wasserzugabe wieder klebefähig.

Papier (farbig):

enthält Pigmente oder Farbstoffe, die entweder selbst giftig sind oder Verunreinigungen von giftigen Inhaltsstoffen enthalten können; besonders leichtes Ausbluten bei Kreppapier.

Plakafarben:

siehe Dispersionsfarben.

Plastilin:

besteht aus Zinkoleat (einer seifenähnlichen Verbindung), Wachs, Schwefel, reiner Porzellanerde und einem Farbpigment; laut Europa-Norm dürfen sie nur begrenzte Mengen an Schwermetallen enthalten.

Terpentinersatz:

enthält u.a. Toluol, Xylol, Ethylbenzol, Propylbenzol und Mesäthylen, deren Dämpfe gesundheitsgefährdend sind; Achtung: Reizung der Schleimhäute, akute Vergiftungsgefahr, auch durch Hautkontakt.

Tusche:

enthält Ruß (schwarze Tusche), Pigmente bzw. Farbstoffe (farbige Tusche), Polyacrylate, also wäßrige Kunststoffdispersionen; Gefahr des Verschluckens bei kleinen Kindern beachten.

Wachsmalkreide:

bestehen aus natürlichen und synthetischen Wachsen und synthetischen, organischen Farbstoffen; weitgehend ungiftig, wenn auch in den Gewässern nur langsam abbaubar; besonders empfehlenswert dagegen ist Bienenwachs, da es von natürlicher Herkunft ist.

Allgemeine Merkregel:

Farben, Klebstoffe, Fixative, etc. in Sprayflaschen, die das umweltschädliche Treibgas enthalten, sollte man meiden. Statt dessen sollte auf ein ähnliches Produkt zurückgegriffen werden, das in flüssiger Form erhältlich ist.

Zusammengestellt nach einer Arbeit der KATALYSE e.V., Institut für angewandte Umweltforschung, Köln

Stichwortverzeichnis

Bildnachweis

Die unten aufgeführten Arbeiten entstanden in folgenden Gemeinden und Schulen:

Friedenskirche Gräfelfing: Abb. 15, 16, 17, 27 und 28

Michaelskirche Lochham: Abb. 19

Waldkirchengemeinde Planegg: Abb. 6

Grund- und Teilhauptschule Planegg: Abb. 2 und 5

Kurt-Huber-Gymnasium Gräfelfing: Abb. 1, 4, 13, 14, 18, 26, 29, 30 und 35

Jugendmusikschule Gräfelfing: Abb. 24 und 25

Fachhochschulstudiengang für Religionspädagogik und Kirchliche Bildungsarbeite an der Augustana Gesamthochschule München: S. 22, 66, 151 o. und u., S. 152 oben und unten, S. 153, Abb. 7, 11, 12, 21, 23, 31, 32, 33 und 34

Abb. 10 ist dem Bildteil der unveröffentlichten Diplomarbeit von Theodora Fising, Erschließung biblischer Geschichten anhand der „Holzschnitte zur Bibel“ von Thomas Zacharias München 1987, entnommen.

Margarete Luise Goecke-Seischab

geb. 1938 Berlin, verh., zwei Kinder 1957–1961 Studium der Kunsterziehung an der Staatlichen Hochschule für Bildende Künste Hamburg und an der Staatlichen Hochschule der Bildenden Künste in Karlsruhe, Staatsexamen. 1961–1965 Studium der Germanistik und Kunstgeschichte an der Universität Hamburg, Staatsexamen. Druckgraphik und Gebrauchsgraphik (u.a. Buchillustration, Plakatentwürfe), Schuldienst am Gymnasium. Seit 1980 Lehrauftrag „Bildnerisches Gestalten in Schule und Gemeinde“ am Fachhochschulstudiengang für Religionspädagogik und Kirchliche Bildungsarbeit an der Augustana Hochschule, Abt. München. Fortbildungskurse (Bildnerisches Gestalten) für Katecheten. Bildnerisches Gestalten mit Jugend- und Erwachsenengruppen im Rahmen der Gemeindearbeit verschiedener Kirchengemeinden sowie Mitarbeit an internationalen ökumenischen Jugendfreizeiten und Kirchentagsveranstaltungen.

1

1 *Heilige Drei Könige*, Deckfarbenmalerei, 11 Jahre.
Das Leuchten der Gelb-Orange-Ockermischungen im linken Bildteil wird durch differenzierte Blau-Braun-Tönungen verstärkt (vgl. S. 44).

2 *Geburt Christi,* Hinterglasbild, 9 Jahre,
Die nachträglich herausgekratzten feinen Umrißlinien und der Heiligenschein wurden durch hinterlegtes Goldpapier zum Leuchten gebracht (vgl. S. 126).

2

3

4

5

3 *Davids Kampf mit Goliath,* Kohlezeichnung, 5 Jahre.
Auf dieser großformatigen Zeichnung ist zweierlei bemerkenswert: der übergroße, schwarze Stein, der Goliath gleich treffen wird (Bedeutungsmaßstab) und die als Röntgenbild dargestellten Steine in der Umhängetasche (vgl. S. 29).

4 *Zug der Tiere zu Noahs Arche,* Rohrfeder mit Tusche, 11–12 Jahre (Gemeinschaftsarbeit).
Die 8 Blätter mit jeweils einem Tierpaar wurden erst später zu einem Fries zusammengeklebt. Übergänge (Bäume, Gras, Pflanzen, Vögel) wurden zum Schluß gemeinsam erarbeitet (vgl. S. 35).

5 *Einzug Jesu in Jerusalem,* Buntstiftzeichnung, 8 Jahre.
Das große, fast quadratische Format wurde zur Darstellung der Menschenmenge benötigt. Jesus ist wie selbstverständlich durch den Torbogen hervorgehoben, ohne daß er im Bedeutungsmaßstab vergrößert werden mußte (vgl. S 26).

6

6 *Gang nach Emmaus,* Materialcollage auf Wellpappe, Kindergottesdienstgruppe 4–11 Jahre.
Hier wurden verschiedene Materialien (Stoff, Tapete, Farbpapier und Pflanzen) zu einer großzügigen, farbenfreudigen Collage zusammengestellt (vgl. S. 66).

7 *Tobias mit Engel und Fisch,* Wasserfarbenmalerei, Erw.
Im Gegensatz zum deckenden Malen (vgl. Abb. 1) wurde hier die Farbe mit viel Wasser verdünnt und durchscheinend aufgetragen. Deckweißlinien heben Fischform hervor (vgl. S. 44).

7

8

9

8/9 *Fischzug des Petrus,* Papiercollage mit Filzstift überarbeitet, 5 Jahre (Abb. 8), Erw. (Abb. 9).
Es wurden nur verschiedenfarbige Briefumschlaginnenfutter verwendet (vgl. S. 63).

10 *Der gute Hirte,* Deckfarbenmalerei, 8 Jahre.
Farbauftrag ohne Vorzeichnung (vgl. S. 43).

10

11

11 *Mose,* Tuschezeichnung laviert, Erw.
Interessante Komposition unter Einbeziehung weißer Flächen, Gegensatz zwischen reiner Rohrfederzeichnung und malerischem Lavieren. Kopf der Ägypterin nach Schnibbelbuch gezeichnet (vgl. S. 14, 15, 37).

12 *Ruth,* Stahlfederzeichnung laviert, Erw.
Ähren, Korb, Gewand und Feld sind interessant strukturiert und dadurch kunstvoll hervorgehoben (vgl. S. 23).

12

13

13 *Schöpfungsgeschichte*, Kreidefrottage, 17 Jahre.
Durch Übereinanderarbeiten verschiedener Strukturen wird an einigen Stellen die Dunkelheit vertieft, Plastizität gewonnen (vgl. S. 66).

14 *Jona,* Stahlfeder-Tuschezeichnung, 11 Jahre.
Kinder erfinden gerne beim Federzeichnen Strukturen, wie hier das wild aufgepeitschte Meer und die Schuppen des Fisches (vgl. S. 23).

14

15

15, 16, 17 *„Ich bin das Licht der Welt“,* Seidenpapierklebebild (Abb. 15), Transparentpapiercollage (Abb. 16 und 17) Erw.
Alle drei Collagen entstanden auf einer Gemeindefreizeit. Neben den technischen Besonderheiten – Vertiefen der Farben durch Übereinanderkleben, Aufhellen durch Überkleben mit Weiß oder einem helleren Farbton – zeigen diese Bilder, wie die Collage auch Ungeübten große Ausdrucksmöglichkeit bietet, und wie unterschiedlichste Auffassungen mit dieser Technik überzeugend dargestellt werden können (vgl. S. 62, 63).

16

17

18

18 *Jugend,* Malerei-Großcollage, Gruppenarbeit 12–18 Jahre.
Dieses 2,50 x 8 m große Wandbild wurde aus vorher gemalten und ausgeschnittenen Köpfen komponiert. Nach dem Aufkleben wurden Haartrachten teils gemalt, teils aus farbigen Schnipseln aufgeklebt, teils wurden Seidenpapierbällchen appliziert, um die Übergänge und Zusammenhänge zu gestalten (vgl. S. 64).

19 *Stilleben,* Pack-, Schmuck- und Seidenpapiercollage, Frauenkreis.
Mit einfachen Formen gelingen sehr dekorative Ergebnisse selbst bei Teilnehmerinnen, die sich dies zunächst nicht zutrauten (vgl. S. 62).

19

20

20 *Krippenfiguren,* Ton (glasiert), 9–12 Jahre.
Maria und die Könige in Aufbaukeramik (vgl. S. 53). Die Tiere wurden um einen Papierkern geformt (vgl. S. 54). Nach dem Schrühbrand wurden alle Figuren farbig glasiert.

21 *Zwei Jünger,* Tonarbeit, Erw.
Die aus Kegelausschnitten gewonnenen, einander ähnlichen Figuren sind durch die unterschiedlichen Haartrachten charakteristisch unterschieden (vgl. S. 55).

21

22

22 *Der gute Hirte,* Ytong-Relief, Erw.
Ytong erfordert großflächiges Arbeiten, daher starkes Vereinfachen des Figürlichen (vgl. S. 112).

23 *Zachäus,* Tonrelief, Erw.
Hell-Dunkeleffekte und damit eine gute Plastizität wurden einerseits durch In-die-Tiefe-Arbeiten erreicht, andererseits durch die aufgesetzten, über den Rand ragenden Blätter (vgl. S. 51).

23

24

25

24, 25 *Kulissen für ein Weihnachtsspiel,* Plakafarben auf Fotohintergrundkarton, Gruppenarbeit, 5–7 Jahre.
Altersstufengemäß sind die Schafe dort im Bild verteilt, wo gerade Platz ist (vgl. S. 29, 92).

26 *Kulisse (7-teilig) für Weihnachtsspiel,* Dispersionsfarben auf Packpapier, Gruppenarbeit, 17 u. 18 Jahre.
Plastische Effekte wurden sowohl durch Aufsetzen heller Farbtupfer, als auch durch Abdunkeln mit weiteren Farbmischungen erzielt (vgl. S. 98).

26

22

22 *Der gute Hirte,* Ytong-Relief, Erw.
Ytong erfordert großflächiges Arbeiten, daher starkes Vereinfachen des Figürlichen (vgl. S. 112).

23 *Zachäus,* Tonrelief, Erw.
Hell-Dunkeleffekte und damit eine gute Plastizität wurden einerseits durch In-die-Tiefe-Arbeiten erreicht, andererseits durch die aufgesetzten, über den Rand ragenden Blätter (vgl. S. 51).

23

24

25

24, 25 *Kulissen für ein Weihnachtsspiel,* Plakafarben auf Fotohintergrundkarton, Gruppenarbeit, 5–7 Jahre. Altersstufengemäß sind die Schafe dort im Bild verteilt, wo gerade Platz ist (vgl. S. 29, 92).

26 *Kulisse (7-teilig) für Weihnachtsspiel,* Dispersionsfarben auf Packpapier, Gruppenarbeit, 17 u. 18 Jahre. Plastische Effekte wurden sowohl durch Aufsetzen heller Farbtupfer, als auch durch Abdunkeln mit weiteren Farbmischungen erzielt (vgl. S. 98).

26

27

28

27, 28 *Sommerfestplakate,* Linolschnitt, mit Plakafarben koloriert, Erw.
Der Druck bestand jeweils aus zwei Teilen. Das Motiv im oberen Teil wechselt jährlich, der Schriftteil wird um die neuen Daten ergänzt (vgl. S. 113).

29 *Blütenbäume,* Papiermaché, Gruppenarbeit 12–14 Jahre (vgl. S. 103).

30 *Riesenmenschen aus Papiermaché,* Gruppenarbeit 12 Jahre.
Beklebt mit Seidenpapier und Kleister, Frack aus schwarzem Kreppapier, nur gesteckt (vgl. S. 109, Blumenstrauß vgl. S. 105).

29

30

31

31 *Ostern,* Weißlinienlinolschnitt, Erw.
Kann auch in anderen Farben gedruckt werden oder auf farbigem Papier (vgl. S. 151).

32 *Jona,* Weißlinienlinolschnitt, Erw.
Wirkt besonders gut auf farbigem Papier gedruckt (vgl. S. 151, 153).

32

33

33 *Abraham,* Flächenlinolschnitt, Erw.
Mehrfarbendruck von einer Platte möglich (vgl. S. 152, 155).

34 *Heilung des Gichtbrüchigen,* Weißlinien- und Flächenlinolschnitt, Erw.
Kann gut zweifarbig eingewalzt werden (Mitte: zweite Farbe, vgl. S. 152, 155).

34

35 *Jerusalem,* Mehrfarbiger Pappenhochdruck von drei Platten, 17/18 Jahre.
Hier wurde die Grundfläche Weiß bewußt in die Komposition mit einbezogen (vgl. S. 76).